MIS CONVERSACIONES CON UN ARCÁNGEL

Confidencias de Metatrón

SANTOS ÁVILA RUIZ

MIS CONVERSACIONES CON UN ARCÁNGEL
Confidencias de Metatrón

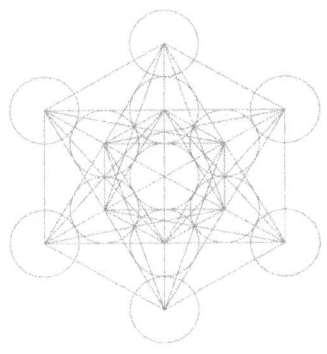

Santos Ávila Ruiz

Copyright © 2016 Santos Ávila Ruiz
Diseño de la portada: © Santos Ávila Ruiz
Maquetación: © Santos Ávila Ruiz
Editor: © Santos Ávila Ruiz
Reservados todos los derechos. Ninguna parte de esta publicación, incluido el diseño de la cubierta, puede ser reproducida, transmitida o utilizada de ninguna manera sin previo consentimiento del autor.

ISBN-13: 978-84-608-6745-6

DEDICATORIA

A todos los Seres de Luz, a los que habitan en la Tierra con un cuerpo físico y a los que están más allá de la solidez corporal.
A todos aquellos que alguna vez han llevado luz allí donde antes había oscuridad, pues cada chispa de luz, por pequeña que parezca, da color y alegría, devuelve la esperanza y nos acerca a un mundo mucho más luminoso y brillante.
Deja que la luz que hay en ti se exprese y permite así que los que andan a oscuras tengan una luz que les recuerde y les ilumine el camino de vuelta a casa.

ÍNDICE

Agradecimientos

INTRODUCCIÓN
1. La importancia de ser uno mismo 1
2. Prólogo 5
3. ¿Quién es el Arcángel Metatrón? 7

CONFIDENCIAS DE METATRÓN
4. Lo que somos 11
5. La misión de vida 13
6. El ego 15
7. Todo es cuestión de energía 19
8. Las emociones negativas y la culpa 23
9. El amor y la autoestima 27
10. El éxito y la prosperidad 31
11. La Tierra 33
12. La infancia: Recuerdos y abusos 35
13. El karma y los niveles de conciencia 39
14. La sensibilidad y los trastornos mentales 43
15. La evolución 47
16. La sombra 53
17. La alimentación 55
18. La familia y las relaciones 57
19. Las mascotas 65
20. El plan del alma 67
21. La vida y la muerte 69
22. Las dimensiones 73
23. El lenguaje de la luz y los dones espirituales 75
24. Los sueños y las sincronías 81
25. El control y la zona de confort 85
26. La salud y la enfermedad 89
27. El bien y el mal 93
28. El perdón 97

CONFIDENCIAS DE UN HUMANO
29. Cambio de roles 101
30. Mis confidencias 103

MÁS CONFIDENCIAS
31. Confidencias de los Seres de Luz 111
32. Confidencias de la Madre Tierra 113
33. Confidencias del Arcángel Miguel 117
34. Confidencias del Arcángel Rafael 121
35. Confidencias del Arcángel Gabriel 125
36. Confidencias del Arcángel Raziel 129
37. Confidencias del Dios Thot 133
38. Confidencias de la Maestra Kwan Yin 137
39. Confidencias de la Diosa Atenea 141
40. Confidencias del Maestro Merlín 145
41. Confidencias de este Libro 149

CONFIDENCIAS PARA LA PRÁCTICA
42. Jugar y disfrutar 153
43. Cultivar los sueños 155
44. Generar sincronías 161
45. Donde yo soy tú 165
46. Vivir el instante 171
47. Meditación de conexión con tu Ángel de la Guarda 173
48. Meditación de conexión con la Madre Tierra 177
49. Regalo extra: Audio meditación de sanación de bloqueos y recuperación de dones 181

CONFIDENCIAS FINALES
50. Casi fin 185
51. Los niños de la nueva era y su gran sensibilidad 187
52. Hasta pronto 191
53. Sobre el autor 193

AGRADECIMIENTOS

Este libro está dedicado a mi madre, Angustias, a mi padre, Julián que ya no está en este plano de existencia, a mi hermana Mari Carmen, a mi cuñado Jose y a mis sobrinos Raúl y Ana.
A Sonia Albizuri, una gran actriz, una gran persona y una gran amiga. (www.soniaalbizuri.com)
A mis hadas madrinas de la radio, Fuensanta Campos y Carmen Campos por su cariño incondicional que es el mismo que yo siento por ellas. (www.siempreadelantefc.com)
A Malena Espinosa por su generosidad y por nuestras *Conversaciones del Alma* que pueden verse en mi canal de youtube.
A María Muriedas y a Julián Rodríguez, estoy seguro de que algún día vamos a hacer algo juntos, ¿verdad? (www.puentesdeluz.es)
Al Doctor Cristian Salado, al que menciono en uno de los capítulos y al que le agradezco que se dedique a enseñar lo que enseña, pues su cursos tienen un valor incalculable. (www.tensergetica.com)
A Montse López, ¿te das cuenta de todo el camino que hemos andado desde que nos conocimos?
A Anna Torres y Esther Brillas, no me he olvidado de vosotras, solo que la vida a veces nos aleja y a veces nos vuelve a acercar, solo hay que fluir, pero doy gracias por los grandes momentos que hemos compartido juntos.
A Salvador Batlle, un artesano del vino natural, con un gran respeto por la Madre Tierra, por su amistad y por salvarme la vida en tiempos lejanos. (www.cosmic.cat)
A todos los Seres de Luz que me han guiado a escribir este libro, especialmente a Metatrón al que tengo frito con tanta pregunta, gracias por tener tanta paciencia, eres un Ángel, bueno, un Arcángel para ser exactos.
Y a ti que has decidido leer este libro, deseo que lo disfrutes y te resulte útil.

Cuando pases por esta página
SONRÍE

INTRODUCCIÓN

Desde la luz que hay en mí, veo la luz que hay en ti, pues somos solo una unidad dividida en varias partes y en cada una de ellas existe el fiel reflejo de las otras.

1
LA IMPORTANCIA DE SER UNO MISMO

Siempre me ha llamado la atención esa frase bíblica de «los últimos serán los primeros» y con este libro he decidido darle un nuevo sentido a esa frase, por ese motivo voy a empezar este libro con la que iba a ser mi reflexión para el último capítulo, ¿te apetece empezar por el final?, ¿te apetece que el final sea un nuevo principio?, ¿me acompañas en esta aventura?

Ser quien eres
Todas las personas que venimos a vivir esta experiencia en la Tierra tenemos una misión, un propósito, por ese motivo es tan importante que seamos nosotros mismos, que seamos auténticos, pues se nos ha encargado realizar una tarea y esa tarea solo la podemos hacer si somos nosotros mismos y no si tratamos de ser alguien que no somos.

En un puzle de cinco mil piezas cada pieza tiene la misma importancia aunque no lo parezca, tal vez si emitimos un juicio, cosa que no nos será difícil porque somos tan buenos en ello que juzgar es algo que podría ser deporte olímpico, puede que algunas de las piezas del puzle nos gusten más por su color o por la parte del dibujo que les ha tocado representar, pero basta con que coloquemos una en un sitio que no le corresponde para que no encaje y el puzle no se complete y no alcance a ser lo que estaba destinado a ser. Eso es exactamente lo que nosotros hacemos en la vida, en vez de aceptar que somos piezas únicas y que cada uno de nosotros tenemos un lugar ideal para nosotros en el puzle de la vida, tratamos de convertirnos en la pieza de al lado y para ello adoptamos posturas que nos hacen estar en tensión con la creencia de que si mantenemos la posición durante el tiempo suficiente acabaremos encajando en un espacio que no es el nuestro, en un lugar que no está hecho para nosotros.

Lo curioso de todo ello es que cuando nos aceptamos y decidimos ser nosotros mismos nos damos cuenta de que hay un sitio ideal para cada uno de nosotros y no solo eso, sino que además el Universo empieza a apoyarnos y nuestra vida se vuelve un poco más fácil, lo cual tiene todo el sentido del mundo, porque si cada uno de nosotros venimos a cumplir con una misión concreta se nos ha dotado con todas las cualidades y los dones que necesitamos para llevarla a cabo, pero para ello tenemos que ser nosotros mismos y encarar los desafíos y los aprendizajes que vienen a nuestra vida, porque todos ellos también han sido puestos en nuestro camino para ayudarnos a evolucionar y convertirnos en aquella persona que estábamos destinados a ser, que no es otra que nosotros mismos pero libres de juicios y de comparaciones con los demás.

El Universo se siente feliz cada vez que uno de nosotros acepta su papel, se siente feliz cada vez que uno de nosotros acepta ser la pieza del puzle que es y es lógico que así sea, pues, ¿quién iba a llenar el espacio que nosotros dejamos vacío si tratamos de convertirnos en la copia de alguien que ya existe?, no es que sea malo aprender de los demás, pero una cosa es aprender de lo que los otros hacen bien y otra muy diferente es renunciar a ser nosotros mismos, renunciar a permitir que nuestra esencia se exprese a través nuestro, pues por mucho que podamos encontrar a alguien en el mundo que se parezca a nosotros ni siquiera dos hermanos gemelos son exactamente iguales y eso es porque cada persona es única y cada persona tiene su función y su misión en la vida.

Tal vez lo más difícil sea descubrir cuál es esa misión, pero el camino que nos va a permitir saber cuál es, siempre tiene su origen en empezar a amarnos a nosotros mismos y respetarnos y eso lo hacemos cuando aprendemos a ser nosotros mismos sin tratar de ser quienes no somos, esto tampoco tiene que ser una excusa para no mejorar y evolucionar, pues mucha gente justifica constantemente lo que hace con las excusa de que «es que yo soy así», y es cierto que tú y yo y todos somos así, como somos cada uno, pero eso no significa que dejemos de ser nosotros mismos si empezamos a amarnos más y a expandir ese amor hacia todo lo que existe, tratando de hacerlo sin participar en las olimpiadas del juicio y de la crítica.

Tenemos que empezar a pensar menos y amar más, pues eso no nos convierte en otra persona ni nos desvía de nuestro camino, sino todo lo contrario, nos ofrece un atajo para sentirnos más felices y más plenos y sentir más paz interior con la que poner nuestro granito de arena y mejorar el mundo.

Atrévete a ser quien eres pues el Universo te lo va a agradecer, eso no significa que no vayas a tener que superar algún obstáculo, pero desde luego podrás avanzar más y mejor al liberarte de la carga que dejas al renunciar a ser otra persona, trata de no compararte con nadie, pues tanto tú como esa persona o personas con las que te comparas sois únicos y si el Universo hubiera querido que existieran dos personas idénticas en todos los sentidos, a estas alturas, después de haber visto la capacidad de crear a la perfección que tiene el Universo, tal y como nos demuestra la naturaleza, ¿no crees que el Universo ya hubiera creado a todas las personas idénticas que hubiera querido?, sin embargo se ha esforzado mucho en hacernos únicos a cada uno de nosotros, ¿no te da eso una pista de lo especial que eres? Recuerda que solo con que una pieza del puzle falte este ya no se completa, yo por mi parte voy a tratar de sentirme cómodo en el sitio del puzle que me ha tocado y te animo a ti a hacer exactamente lo mismo.

Deja que la luz y el amor que hay en ti se expresen, porque esa es tu misión.

Cuando pases por esta página
DECIDE EMPEZAR A SER TÚ MISMO
O TÚ MISMA

2
PRÓLOGO

Conectar con nuestros guías significa estar abiertos a que el Universo nos hable, pues todo lo que existe tiene cosas que contarnos, solo tenemos que aprender a estar receptivos. Cuando sabes que puedes comunicarte con todo el Universo empiezas a ser consciente de la conexión que existe entre todo y entre todos y desde ese momento ya nunca más sientes la soledad, pues hasta una piedra tiene historias que contarte.

Hace ya unos años que mi propio proceso evolutivo me llevó a emprender un camino de autoconocimiento, a pesar de tener en mi vida muchas de las cosas que suelen tener las personas de éxito, había un gran vacío en mi interior, no me sentía feliz pues sentía en lo más profundo de mí un anhelo, dentro de mí crecía el sentimiento de que me faltaba algo y ese algo no se podía comprar con dinero, ni me lo podía ofrecer nada ni nadie externo a mí.

A lo largo de ese proceso personal me fui encontrando en mi camino con personas y herramientas que fueron trasformando mi visión de la vida y de mí mismo, una de esas herramientas fueron los Registros Akáshicos, que son la memoria del Universo, donde se guarda la información del pasado, del presente y de las posibilidades futuras de toda la existencia, estos Registros están custodiados por Seres de Luz y cuando accedemos a esos archivos nos comunicamos con esos Seres que velan por el buen uso de esta gran herramienta evolutiva. Si te interesa profundizar en el tema de los Registros Akáshicos tienes más información sobre ellos en mi anterior libro: *Registros Akáshicos, doce herramientas para mejorar la calidad de vida y la autoestima.*

Desde el primer momento, a pesar de que mi mente me boicoteaba a menudo, sentí gran afinidad por esta técnica y fue una herramienta que me permitió evolucionar, comprender y sanar muchas cosas, gracias a ella vi lo fácil que me resultaba conectar con estos Seres de Luz y descubrí que ya lo había hecho en mi infancia. A pesar de que esos recuerdos habían desaparecido de mi memoria por largo tiempo poco a poco fui recuperándolos.

Todos podemos comunicarnos con la totalidad del Universo, pues todo aquello que existe, incluidos nosotros mismos, está compuesto por energía, por tanto es fácil asumir que la energía pueda comunicarse con ella misma y transmitirse información. Así que puesto que tú, al igual que yo, también eres energía, ¿por qué tú o yo no íbamos a poder comunicarnos con la Tierra o con el Sol, si también son energía?

Este libro es fruto de mis conversaciones con el Arcángel Metatrón, que es uno de los Seres de Luz que velan por el buen uso de los Registros Akáshicos, a él le he hecho todas aquellas preguntas para las que necesitaba respuestas, deseo que sean útiles no solo para mí sino también para ti.

Los Seres de Luz nos incitan a crecer y evolucionar, lo que empezó siendo un proceso personal en busca de respuestas y de entendimiento se fue transformando en algo más, en algo que, sin yo saberlo al principio, se fue convirtiendo en este libro que tienes en tus manos, un libro que el Arcángel Metatrón me fue desvelando a través de nuestras conversaciones y me pidió que compartiera con los demás.

Algunas conversaciones se produjeron en medio de la naturaleza, otras mientras viajaba en el tren o mientras realizaba tareas en casa, algunas preguntas surgieron de las lecturas de Registros Akáshicos que realizo a mis clientes, en las que veía patrones o ideas que luego le pedía a Metatrón que me aclarara, todo el proceso fue tan agradable como quedar para tomar un café o un té con un amigo que sabe mucho de un tema que te apasiona y que accede a contestar tus preguntas, así ha sido este proceso, te animo a que tras las preguntas, leas las respuestas con la mente abierta como si te las estuviera contestando un amigo, si lo deseas puedes tomarte ese té o ese café.

Que disfrutes de la experiencia.

3
¿QUIÉN ES EL ARCÁNGEL METATRÓN?

Metatrón es el nombre que recibió uno de los Arcángeles, el más joven de todos ellos, se cuenta que tanto él como su hermano gemelo el Arcángel Sandalfón, fueron los únicos Arcángeles que antes de serlo fueron humanos y vivieron en la Tierra.

Gracias al hecho de haber vivido en la Tierra hace que la comprensión de la condición humana no tenga secretos para Metatrón, lo que le convierte en un gran consejero y le permite ser un buen mediador entre los asuntos de la Tierra y el Cielo, su labor, por tanto, es hacer de vínculo entre los humanos y Dios.

Entre sus tareas se encuentra la gestión de los Registros Akáshicos, que son la memoria del Universo donde se guarda toda la información de la existencia, de ahí que se conozca a este Arcángel como el escriba de Dios, pues guarda un registro de todo lo que ocurre.

Metatrón también es uno de los Seres de Luz encargados de velar por la nueva generación de niños, niños que vienen con una gran sensibilidad y con dones espirituales para poner al servicio de la Tierra y de la Humanidad.

De su propia alma el Arcángel Metatrón extrajo y dio vida a un patrón de la Geometría Sagrada que se conoce como el Cubo de Metatrón y que fue entregado a la Humanidad para ayudarle a comprender las ciencias y la alquimia de la creación.

La vibración de Metatrón es una de las más altas al compararla con la de otros Seres de Luz, no en vano dicen que el es el Rey de los Ángeles y tiene un lugar destacado en el Árbol de la Vida.

A continuación vas a encontrar las preguntas que le he ido formulando al Arcángel Metatrón durante todo el tiempo de gestación de este libro, tras las preguntas se encuentran las respuestas que este Ser de Luz me ha proporcionado, mi consejo es que no te las tomes como un dogma, es mejor que las utilices para reflexionar, pues ni Metatrón ni yo somos poseedores de la verdad absoluta, esa no la tiene nadie, ni nadie puede acceder a ella hasta que todos tengamos la conciencia de que somos Uno y hayamos vuelto a vivir desde la unidad, por el momento solo tenemos acceso a pequeñas porciones de esa realidad y aquí comparto alguna de esas porciones con el deseo de que te sean útiles.

CONFIDENCIAS DE METATRÓN

Estamos tan cerca que solo el olvido puede hacerte creer que la distancia entre nosotros es tan grande como para no poder atravesarla. Para que esté a tu lado solo necesitas recordarme, pues yo no te he olvidado.

TU ÁNGEL DE LA GUARDA.

4
LO QUE SOMOS

¿Quiénes somos?

Queridos hermanos de la Tierra, sois Seres de Luz como lo somos nosotros y estáis en el mismo proceso por el que algunos ya pasamos mucho tiempo atrás, sois partículas indisolubles de la Luz, sois parte del Universo y vuestro reto es de los más grandes pues vivís en un mundo de dualidad y debido a ello no sois del todo conscientes de la Luz que lleváis dentro ni del potencial que se esconde, cual semilla, en cada uno de vosotros, esperando a ser plantado hasta germinar y convertirse en realidad. Incluso el ser más oscuro del planeta está compuesto de Luz, hay muchas y variadas densidades en los que la Luz se manifiesta, cuanto más vibráis desde el amor más brilláis y más poderosa es vuestra presencia, vuestro potencial es infinito pues sois parte de ese infinito que lo es todo.

Sois seres espirituales que habéis elegido encarnar en un planeta dual con un cuerpo físico para redescubriros y para seguir ayudando al Universo a expandirse, sois parte de la Fuente, pues cada uno de vosotros sois una pieza clave en la historia de la creación y venís con la misión de conoceros a vosotros mismos a través de vuestras relaciones e interacciones con el resto del Universo.

Sois seres inmortales y estáis en constante evolución, unas veces con cuerpos físicos y en otras ocasiones con cuerpos más sutiles, menos materiales, compuestos de energía menos densa, más sutil.

Cada uno de vosotros elige, junto con sus guías, antes de nacer, la experiencia que más le conviene para realizar los aprendizajes que aún no ha hecho, todos habéis tenido múltiples experiencias en ambos lados de la polaridad, en el lado negativo y en el positivo, no obstante a pesar de ello y debido al olvido por el que pasáis antes de volver a nacer, seguís juzgándoos los unos a los otros, pues no sois conscientes de que si no habéis pasado aún por el rol de aquel al que juzgáis es probable que lo hagáis en alguna de vuestras reencarnaciones venideras.

No existen ni el bien ni el mal, son conceptos vuestros, forman parte de esos aprendizajes de los que os habéis hecho abanderados sin ni siquiera llegar a entenderlos completamente, pues lo que vosotros juzgáis como bueno o como malo solo son dos formas de evolucionar y aprender y todos habéis estado en ambos bandos. Algunos lo han aprovechado más y aprendieron lo que tenían que aprender y otros malgastaron su tiempo quejándose y eso les obligó a volver a repetir las experiencias, pues el que no aprende, repite hasta realizar el aprendizaje que pactó antes de nacer.

5
LA MISIÓN DE VIDA

¿Puedes hablarme sobre la misión en la vida?, ¿todos tenemos una misión?

Sí, todos tenéis una misión, es una misión doble, una es común y es la misma para todos y para todas, tenéis como objetivo experimentaros, descubriros a vosotros mismos, aprender a quereros y a respetaros, esa misión es igual para todos vosotros.

Vivís en un mundo dual y para hacer esto algunos lo hacéis desde una polaridad positiva y otros desde una polaridad negativa, pero el objetivo es el mismo, el objetivo de descubriros y experimentaros es común a una persona que trabaja en una ONG intentando ayudar a otros y un asesino en serie que mata a quien se cruza por su camino, solo son opciones para experimentaros, para haceros reflexionar y conoceros mejor, sé que algunos se horrorizarán al pensar que su alma pueda tener el mismo valor que la de un asesino, pero así es, no hay almas mejores o peores, solo se diferencian en que unas experimentan de una forma y otras lo hacen de otra forma, es evidente que a los que estáis trabajando en el mundo de la conciencia os resulta más atractivo interpretar un papel más agradable, pero a veces un hecho desagradable a gran escala o una catástrofe puede ayudar a un grupo de personas a encontrar en ellos una fuerza, un amor y una compasión que de otra manera hubieran tardado mucho más tiempo en encontrar.

El problema en vuestro mundo dual es que juzgáis entre bien y mal y solo son dos caras de la moneda, pero la moneda es solo una cosa, sé que a vuestra mente le cuesta entenderlo, pues muchos necesitáis que las cosas os parezcan racionales para comprenderlas, pero la realidad va más allá de la razón. Sé que con esto ya te hago a ti y a otros reflexionar, así que si te parece vuelvo a la pregunta que me hacías sobre la misión y acabo de decirte que, a parte de la misión de experimentarse, conocerse, aprender a quererse y respetarse, cada persona tiene su propia misión personal, pero personal no significa que solo tenga relación con él o ella, pues hay misiones personales que afectan a la colectividad o a un grupo grande de personas, como en tu caso por ejemplo, que lo que haces y lo que dices llega a muchas personas y tiene como objetivo crear conciencia. Puedes estar contento, en otras vidas ya fuiste el malo de la película y en esta te toca ser uno de los buenos (en realidad sabes que no hay buenos ni malos, solo me refiero a la visión que los humanos tenéis del bien y el mal del que te hablaba antes).

¿Puedes hablarme un poco más de la misión personal de las personas?, ¿cómo una persona puede saber en qué consiste su misión?

Una forma de empezar a identificar la misión personal es analizar los talentos que uno tiene, pues la misión siempre está relacionada con lo que cada persona sabe hacer mejor que los demás, todo el mundo tiene varios talentos o cualidades que lo hacen único o única y especial y utilizarlos forma parte de la misión personal, cuando empiezan a utilizarlos empiezan a encaminarse hacia su propósito en la vida y la misión empieza poco a poco a revelarse.

No todos los talentos se muestran visibles, algunos aparecen cuando superáis alguna prueba importante en vuestra vida, son revelados cuando sois capaces de superar un gran obstáculo y son precisamente esos dones los que más os conectan a vuestro propósito, pues son los que habéis tenido que validar para renacer fortalecidos tras la dificultad.

6
EL EGO

¿Qué es el ego?

El ego es una construcción irreal que asociáis a la personalidad y que tiene su origen en la experiencia que estáis viviendo en la Tierra, una experiencia dual que vivenciáis desde el sentimiento de separación de la Fuente, el ego es como una máscara que os habéis puesto para diferenciaros los unos de los otros y poder experimentar la individualidad, mas solo es algo a lo que le habéis dado la función de parecer real, pero no lo es.

Formáis parte de la Unidad pero la única forma de experimentar la individualidad es a través del ego que os hace sentir separados y os reta a que poco a poco volváis a ser conscientes de que todos estáis unidos y que la sensación de separación solo es una percepción distorsionada de vuestros sentidos, algo que os parece muy real, pero que solo es un sueño.

Háblame más del ego, a veces cuando me llega información sobre mi misión ya sea a través de mis propias canalizaciones o las de otros colegas pienso que es mi ego el que habla, el que intenta embaucarme contándome lo importante que soy y las cosas que se supone que voy a hacer, ¿qué puedes decirme de todo eso?

Lo primero es decirte que sí que eres muy importante, pero lo eres tú y lo son todos los demás, no hay nadie que no lo sea, todos sois muy especiales y sois únicos. Sobre lo que dices que es tu ego el que te habla de tu grandeza, no sé si eres consciente de cuánto has cambiado en estos últimos años, has pasado de creerte el ombligo del mundo, de pensar que el mundo se tenía que amoldar a ti y ver lo importante que eras, a ser consciente de que lo importante no era que el mundo cambiara, sino que tenías que cambiar tú, pues solo de esa forma ibas a poder afectar de forma positiva al mundo, has cambiado hasta el punto de que has dejado de estar obsesionado con tener éxito y con que el mundo te reconozca, te diga lo bueno que eres, te de medallas, te de premios y ovaciones y has empezado a preguntarte qué puedes hacer tú para que el mundo sea un sitio mejor, es en eso en lo que te has ido convirtiendo, en alguien menos egocéntrico que busca su propia felicidad, su propio éxito y que en cambio busca mejorarse y mejorar el mundo compartiendo su propia esencia con los demás.

Te hago que expliques esto, aunque sé que hubieras preferido no contarlo en este libro, porque tu proceso es muy similar al que otros han vivido o están viviendo y que lo cuentes les puede ayudar a ser un poco más comprensivos con ellos mismos. No me malinterpretes, sigues teniendo ego, aun te queda para disolverlo, pero ya entiendes y te das cuenta cuando es el ego el que está tirando de ti y cuando no y lo sabes porque cuando te guías por tu brújula interna lo que quieres es compartir y entregarte al mundo a través de lo que haces y no esperas ninguna recompensa externa excepto la de saber que estás en el sitio adecuado, en el momento adecuado y que estás ahí disfrutando del presente, sin pensar en el pasado y sin proyectarte al futuro, simplemente te permites ser y estar, entregando lo que eres a quien sea que esté a tu lado sin juicios.

Lo curioso de todo esto, es que cuando llegas aquí es bastante probable que empiece a llegar el reconocimiento, el éxito, las medallas y la palmadita en la espalda, pero eso no suele llegar solo, también llega de la mano de la crítica y el juicio de los que no tienen un nivel de comprensión similar al tuyo, pero cuando estás en este punto, eso te afecta poco, pues entiendes que quienes te juzgan y te critican se están criticando, en realidad, a ellos mismos, pues sienten una parte de envidia por tu logro que les recuerda que ellos no han alcanzado aún esa meta de trascenderse a ellos mismos y es que el juicio y la crítica es el arma preferida de los que son incapaces de hacer lo que tienen que hacer, de los que son incapaces de encontrar su propia esencia y su propia misión y precisamente no la encuentran porque el juicio y la crítica les hacen gastar una gran cantidad de energía centrándose en los demás en vez de aprovecharla para mejorarse y crear su propia vida.

En el Universo todo es cuestión de energía, cuanta mayor es la cantidad de energía de que dispone una persona, más capacidad tiene para crear su propia vida.

Cuando pases por esta página
PIENSA EN ALGUIEN A QUIEN QUIERAS

7
TODO ES CUESTIÓN DE ENERGÍA

Esto que dices de la energía me parece interesante y muy importante, puedes explicar un poco más sobre este tema.

Claro, ¿de cuánto tiempo dispones?

De toda la vida, pero como no sé cuanto tiempo es eso exactamente, que tal si me contestas de una forma entendible y resumida, lo suficiente como para que podamos entender algo y pueda ser útil para el que lo lea. Me alegra que saques tu vena cómica, pues en algunos de los cursos cuando explico que los Seres de Luz tienen sentido del humor hay gente que se sorprende, yo siempre bromeo diciendo que lo de la Gracia Divina, se refiere a la Gracia que tiene Dios, que es un personaje divertido.

El sentido del humor es importante, especialmente porque le quita seriedad y dramatismo a las cosas y porque es imposible que hable contigo sin que el humor aparezca de vez en cuando, pues eres un tío gracioso y yo me pongo a tu altura.

Si te pones a mi altura, te vas a quedar muy bajito. (Me río yo solo de mi ocurrencia, pero percibo que Metatrón sonríe y se divierte, mostrándome su complicidad). Pero volvamos al tema de la energía, ya volveremos al club de la comedia más tarde si hace falta.

Pues es sencillo, tal y como te he dicho antes, en el Universo todo es cuestión de energía y esa energía es la base de la Creación.

Los seres humanos tenéis una tendencia a desprenderos tontamente, perdona por el juicio, de vuestra energía, lo hacéis constantemente como si pensarais que os sobra y que es buena idea malgastarla. Lo que muy pocos saben es que al desperdiciar toda esa energía lo que estáis haciendo es incapacitaros para crear la vida que queréis, pues vosotros también sois creadores, pero para crear necesitáis disponer de energía, pero como la dejáis escapar constantemente luego os resulta muy complicado crear la vida que deseáis y os quejáis, lo cual hace que perdáis más energía todavía y entráis en un bucle constante de fuga de energía y eso os mantiene en el mismo sitio y en la misma situación, sin que podáis ir muy lejos de donde estáis.

Los cambios y el crecimiento siempre vienen acompañados de un mejor uso de vuestra energía, pero para poder acumular más energía primero tenéis que sanar las grietas por las que se os escapa, vosotros sois como un contenedor donde se almacena la energía, pero si tenéis fisuras, que creáis con vuestras actitudes, permitís que la energía se escape y al perderla no podéis utilizarla, sería como pretender que el agua se mantenga en el interior de un colador.

¿De qué formas perdemos la energía?

La perdéis cuando criticáis y juzgáis a los demás como os decía antes, la perdéis cuando os quejáis y cuando os quedáis enganchados a eventos o personas del pasado, la perdéis cuando queréis controlar todo en vez de fluir y permitir, cuando controlas eres tú contra el mundo, cuando fluyes eres tú apoyado por el mundo. Perdéis vuestra energía cuando os quedáis anclados en un pensamiento y le dais vueltas y vueltas una y otra vez, hasta el punto de que vuestra cabeza se convierte en una especie de lavadora centrifugando el pensamiento como si así lo fuerais a arreglar, sin daros cuenta que de esta manera le dais más poder y le dais vuestra energía, esa misma que os iría estupendamente bien para arreglar aquello que os preocupa en vez de marearlo de neurona en neurona. Perdéis poder cuando dejáis de escuchar a vuestro corazón, cuando cedéis vuestro poder a otras personas que deciden por vosotros, perdéis energía cuando no os respetáis, cuando no os apreciáis y cuando no os queréis en absoluto, perdéis energía cuando os compadecéis o cuando os consideráis mejor que los demás, cuando os dejáis arrastrar por el ego en busca de tener razón o con palabras para justificar vuestro actos, perdéis energía cuando permitís que en vuestro corazón florezca el odio y el rencor, en vez del amor y la alegría, perdéis energía cuando renunciáis a convertiros en la mejor versión de vosotros mismos, perdéis energía también cuando os relacionáis con personas que no os aportan nada y juzgan y critican y se quejan constantemente, pues al hacerlo absorben vuestra energía, algunos se refieren a ellos con el término de vampiros psíquicos, pues aunque no chupan vuestra sangre si os extraen vuestra energía, mas no tiene sentido culparlos a ellos pues sois vosotros mismos los que los atraéis con vuestra vibración.

También gastáis energía con las relaciones sexuales, no hay nada de malo en disfrutar del sexo, pero cuando lo hacéis de forma indiscriminada y obsesiva y con cualquier persona que se cruce en vuestro camino dejáis escapar parte de vuestra energía. El sentimiento de culpa también drena y gasta mucha energía, pues la culpa conecta a quien la siente con el pasado y vivir anclado en el pasado o excesivamente pendiente del futuro también ayuda al desgaste energético. Perdéis energía cuando no perdonáis las faltas, los errores o las ofensas de los demás, pues os quedáis enganchados con esa persona o con esa historia y se os escapa la energía en forma de odio, resentimiento o rencor y eso no solo os hace perder energía sino que a la vez os envenena y os quema por dentro.

¿Podemos recuperar la energía que hemos malgastado o es irrecuperable?

Podéis recuperar mucha de la energía que habéis dejado escapar, pero requiere de constancia y de paciencia, los sabios, los gurús y los chamanes saben esto desde siempre y entre sus conocimientos existen técnicas que permiten recuperar esa energía perdida, técnicas como la Recapitulación de los chamanes mexicanos o el Ho' oponopono de los chamanes hawaianos logran ayudar a quienes las utilizan a recuperar una parte importante de esa energía, pero son técnicas que requieren de compromiso y de constancia, pues no siempre sus efectos son inmediatos, pues trabajan con sutileza y requieren de tiempo para constatar su efectividad.

Podéis recuperar vuestra energía enviando amor a las personas que han pasado por vuestra vida hasta sentiros en paz con cada una de ellas y podéis hacer eso mismo a las situaciones vividas, especialmente aquellas que os hayan resultado más dolorosas o aquellas que hayáis juzgado como negativas, imaginad que las envolvéis en una burbuja de amor y repetir esto una y otra vez hasta sentir que al pensar en cada una de las personas o situaciones os inunda un sentimiento profundo de paz y que sentís incluso ganas de sonreír, en ese momento habréis recuperado la energía asociada a esas personas o eventos, cada vez que lo conseguís con una situación o con una persona recuperáis una parte de vuestra energía.

Cuando sois capaces de experimentar amor incluso por aquellas personas o situaciones que antes os generaban sentimientos de odio, rechazo o rencor, la energía deja de evitaros y empieza a querer formar parte de vosotros, os convertís en un imán que atrae cada vez más energía que podéis utilizar para crear armonía en vuestra vida.

8
LAS EMOCIONES NEGATIVAS Y LA CULPA

¿Por qué experimentamos dolor, miedo y sufrimiento?

Experimentáis todas esas emociones porque os resistís, porque queréis controlarlo todo, el dolor, el miedo y el sufrimiento son siempre efectos secundarios de no entregarse, de no dejarse fluir, son fruto de vuestra resistencia y de vuestra obsesión por vivir a caballo entre el pasado y el futuro, os quedáis enganchados al pasado porque este os dota de personalidad, el tiempo pasado os ayuda a crear una falsa definición de lo que sois y en realidad sois mucho más de lo que vuestro pasado dice de vosotros, vuestro pasado solo es un conjunto de memorias y de recuerdos, de cosas que habéis experimentado, pero no define lo que sois, ni siquiera es una buena aproximación a lo que sois, pues sois mucho más que un recopilatorio de experiencias, esto es algo así como lo que hacéis cuando alguien os pregunta por lo que sois y contestáis ondeando la bandera de vuestra profesión, eso es una parte minúscula de lo que sois, pues por importante que pueda ser vuestra profesión y aunque seáis el mejor en vuestro campo, solo es algo fugaz en vuestra existencia infinita, pero en cambio para vosotros es algo que elegís para definir lo que sois y eso es algo que tiene mucho que ver con la identificación que tenéis con vuestro ego, al que habéis dotado de realidad, a pesar de ser algo que habéis fabricado con la idea de sentiros separados de los demás, ocultándoos a vosotros mismos que formáis parte de un todo.

El resto del tiempo lo vivís pensando en el futuro, proyectando lo que queréis ser, proyectando nuevas etiquetas para poneros cuando ese futuro se convierta nuevamente en pasado y entre tanto os perdéis el tiempo en el que verdaderamente sois poderosos, el tiempo presente, pues es ahí donde tenéis la capacidad de ser felices y no sentir dolor, miedo ni sufrimiento, pero vuestra ceguera temporal os impide verlo.

¿Qué función tienen estas emociones?

Todo lo que experimentáis tiene la función de haceros evolucionar, estáis viviendo una experiencia de aprendizaje y el aprendizaje os tiene que llevar de vuelta a reconocer lo que sois: sois luz, sois amor, sois unidad.

Todas las emociones que etiquetáis como negativas solo son resistencias a experimentar el amor que hay en vosotros, lo que más os cuesta aceptar no es que seáis luz y amor, lo que os cuesta aceptar es que durante mucho tiempo os habíais olvidado de que eso es lo que sois y eso os genera culpa y es la culpa la que os conecta con todas esas emociones de baja vibración que os hacen sufrir.

No hay nada de lo que tengáis que sentiros culpables, la experiencia que estáis viviendo es como un sueño, ¿os sentís culpables por lo que soñáis mientras dormís en vuestra cama?, no, porque sabéis que no es real, aunque en realidad es a través de los sueños donde conectáis con mayor facilidad con otros planos más cercanos a la realidad de vuestro ser, pero no sentís culpa porque sabéis que no sois responsables de lo que soñáis mientras dormís, pues tenéis que entender que esta experiencia que estáis viviendo en lo que llamáis vida solo es eso, un sueño del que tarde o temprano despertaréis y veréis que nada de lo ocurrido fue real, solo fue un juego para experimentar la individualidad.

¿Qué efectos tiene la culpa en nuestras vidas y cómo podemos superarla?

La culpa es una de las emociones que más baja vibración tienen y siempre está asociada al miedo, sentís culpa cada vez que sentís a nivel consciente o inconsciente que habéis cometido una falta o habéis sido injustos con respecto a algo o a alguien.

El ego, del que antes hemos hablado, tiene en la culpa uno de los pilares que sustentan su reino, la culpa tiene mucho que ver con esa voz incansable que os susurra en la cabeza que tal vez deberíais hacer las cosas mejor o que deberíais estar haciendo otras cosas o que lo que estáis haciendo es incorrecto o injusto, esa voz del ego os ataca con incansables *deberías* y os genera un intenso sentimiento de culpa, lo cual os aleja del amor y de la creencia de que sois merecedores de ser amados, felices y prósperos y de esta manera os mantiene en un nivel vibratorio bajo que os hace atraer a vuestras vidas situaciones desagradables o castigos que muchas veces son autoimpuestos porque pensáis que es lo que os merecéis para ajustar cuentas con vosotros mismos y expiar vuestra culpa.

La culpa se supera con el entendimiento y con el perdón hacia vosotros mismos, cuando cometéis un error no tenéis motivos para sentiros culpable, lo más sensato es analizar la situación y realizar un aprendizaje para que en caso de que se repita una situación similar podáis actuar de otra forma más amorosa. Ante cualquier sentimiento de culpa podéis revisar lo que os genera culpa, si os cuesta distanciaros para ser objetivos podéis analizar la situación como si fuera una película o como si fuera la historia de otra persona ajena a vosotros, eso os puede ayudar a no dejar que el exceso de emociones os impidan ver las cosas desde otra perspectiva más sana, lo ideal es revisar la situación que genera la culpa y tratar de realizar algún aprendizaje con respecto a lo ocurrido, pues cuando aprendéis ya no necesitáis pasar por los mismos aprendizajes una y otra vez y si volvéis a encontraros con una situación similar podréis poner en práctica lo que hayáis aprendido, aprendizaje que si está alineado con el amor, os ofrecerá un resultado mucho más armónico y feliz para todos los implicados.

Tenéis que permitir que los errores que cometéis os ayuden a evolucionar y evolucionar no es otra cosa que aprender a gestionar situaciones similares por las que ya habéis pasado con anterioridad de una forma más armónica con la ley del amor, es decir, tratando de hacer elecciones diferentes donde pongáis el amor por encima de la razón y del ego.

La culpa es solo un disfraz del miedo y no es compatible con el amor que no necesita disfraz porque no oculta que es una representación de la vida, la culpa os hace creer que habéis perdido la inocencia, pero la inocencia no es algo que podáis perder, pues siempre que cometéis un error es porque no habéis aprendido aún a hacer las cosas de mejor manera o porque estáis tan sepultados por la culpa y por el miedo que no os creéis merecedores de hacer las cosas mejor, lo cual se convierte en una espiral que sigue incrementando vuestro sentimiento de culpa y vuestro miedo y que os impide ver que ese ser inocente que siempre fuisteis, desde el inicio de los tiempos, todavía sigue ahí oculto, escondido entre la culpa y la vergüenza, entre miedos y dolor, embargado por la ilusión de separación con el resto de Universo, una ilusión que solo es eso, algo irreal que tarde o temprano, cuando permitáis que el amor lo gobierne todo en vuestra existencia, acabará por desparecer y os mostrará que esa inocencia que creíais perdida sigue ahí, esperando que seáis conscientes de ella, pues es la responsable de que volváis a ser como los niños y es la responsable de vuestro regreso al amor.

9
EL AMOR Y LA AUTOESTIMA

¿Qué es el amor?

Amor es lo único que sois. Sois amor aunque muchos no lo creáis, sois amor a pesar de todo lo que vuestra percepción os muestra en contra de esa afirmación. Todo en el Universo es amor, es la vibración que armoniza a toda la existencia, pero el verdadero amor nada tiene que ver con la idea romántica que tenéis la mayoría, el amor por el que lucháis no es amor real, sino dependencia y apego a una sensación que os resulta agradable y en la que depositáis vuestra felicidad, sin daros cuenta de que la felicidad no está en la relación que mantenéis con otra persona, sino en la relación que mantenéis con vosotros mismos.

El amor es vuestro origen y es adonde os dirigís de vuelta, no porque en realidad os hayáis marchado o alejado de ese origen, sino porque lo habéis ocultado entre capas y capas de emociones negativas que tienen su raíz en la culpa, en la creencia de que habéis hecho algo malo y de que habéis traicionado al amor del Creador del que sois fruto.

El regreso no es en sí un viaje sino más bien la recuperación de un recuerdo, el recuerdo de lo que sois. El mundo en el que vivís os habla de guerra, de violencia, de odio y de separación, pero eso solo es un reflejo de las emociones que hay en vuestro interior, la batalla que mantenéis dentro de vosotros es lo que hace que la veáis en el exterior, solo volver al amor, al amor verdadero, puede corregir eso, pero para ello tenéis que volver a sintonizaros con lo que realmente sois.

El amor no entiende de límites y es tan grande que os deja experimentar el caos y la destrucción, pues sabe que tarde o temprano os rendiréis y esa rendición os llevará de vuelta a vuestro hogar, que es lo que algunos conocéis como el Cielo en la Tierra, donde el amor es la única ley que existe, pues ya no son necesarias las demás leyes, pues todas son inferiores a la ley del amor, la que habla de amar toda la existencia, la que habla de no hacer distinciones, la que habla de unidad absoluta.

Háblame de la autoestima, ¿qué importancia tiene?

La autoestima es algo fundamental y es la clave de vuestro bienestar, cuando tenéis una autoestima sana, es decir, cuando estáis en un punto de equilibrio en el que entendéis que no sois ni mejor ni peor que nadie y aprendéis a amaros con vuestras virtudes y vuestros defectos, sois imparables, en ese momento podéis cumplir con vuestra misión sin que ningún obstáculo os detenga, pero es cierto que debido a vuestro plan de vida y a las enseñanzas que elegisteis como almas para aprender, no siempre os resulta fácil llegar a ese punto de equilibrio.

La falta de autoestima da origen a todos los fracasos, pues cuando no os amáis y os respetáis inconscientemente os boicoteáis pues no os sentís merecedores de la felicidad que os aguarda tras los éxitos y tras superar obstáculos que supongan crecimiento personal, de esta forma echáis a perder todas las posibilidades que tenéis de ser felices y encontráis siempre alguna excusa para arruinar aquello que estáis haciendo o para no hacer aquello que deseáis por vuestros sentimientos de culpa.

La falta de autoestima tiene mucho que ver con los juicios que vertéis sobre los demás, porque siempre que juzgáis a otro os estáis juzgando a vosotros mismos y eso mina vuestra confianza y vuestro amor propio.

Una de las grandes lecciones que tenéis que aprender consiste en aceptar a los demás evitando los juicios y las críticas, pues todo lo que sale por vuestra boca o mantenéis en vuestra mente no define a los demás sino a vosotros mismos, así que cada vez que habláis mal de alguien es a vosotros a quién definís y eso os acaba pasando factura y es una factura cuyo precio es muy alto, pues se paga siendo infeliz y alejándose cada vez más de la misión de vida, lo cual a su vez, como un pez que se muerde la cola, os vuelve más infelices aún, pues hace que vuestra alma sienta que no estáis cumpliendo con aquello que vinisteis a hacer.

Recordad que aprender a amaros a vosotros mismos es una de las misiones de vida que todos tenéis y tarde o temprano todos vais a tener que aprender a hacerlo, por tanto lo más práctico es que no perdáis ni un minuto más dedicando vuestro tiempo a aquellas cosas que os alejan de amaros y respetaros a vosotros mismos.

Cuando pases por esta página
COMPROMÉTETE A RESPETARTE

10
EL ÉXITO Y LA PROSPERIDAD

¿Puedes hablarme del concepto del éxito?

El éxito, en la definición que nace desde vuestro ego, es algo diferente para cada uno de vosotros, pues cada persona tiene un concepto diferente de lo que supone triunfar en la vida, aunque en realidad el verdadero éxito es ser feliz y aprender, el éxito es descubrir que sois amor y que todo lo demás no existe verdaderamente, solo es una ilusión que habéis creado en un intento de experimentar lo que no sois.

Algunos de vosotros os empeñáis en no aprender aunque eso suponga golpearos con la misma piedra no dos veces sino cien y aunque eso signifique ser infelices.

Solo hay una cosa real y es el amor, todo lo demás solo es una ficción en la que os habéis quedado atrapados, pero algún día esa ficción acabará desapareciendo y podréis ver que siempre fuisteis amor, que nunca dejasteis de serlo, a pesar de que las apariencias os hacían creer otra cosa.

¿Qué es la prosperidad?

Vosotros mismos sois la prosperidad del Universo en acción, sois prósperos porque el Universo es abundante, no obstante muchos habéis elegido como aprendizaje vivir negando esa prosperidad y creyendo que la escasez es vuestro destino.

La escasez, al igual que la prosperidad, solo es una cuestión vibratoria, cuando vibráis en el miedo, en el temor, pensáis que no sois merecedores de todos los recursos que el Universo pone a vuestro alcance. Cuando os permitís perdonaros y empezar a ser conscientes de que sois amor, el Universo os entrega las llaves del reino y os proporciona todo aquello que necesitáis para desarrollar vuestra misión en la Tierra, que suele ser mucho más de lo que os hubierais imaginado, pero aun así muchas veces os parece poco porque no podéis evitar compararos con los demás y no os dais cuenta que cada uno de vosotros estáis interpretando un personaje diferente, que es único y esencial para la experiencia que la Totalidad/Dios ha elegido.

La mayoría de vosotros confundís la prosperidad con tener abundantes posesiones materiales, la confundís con acumular dinero y otros objetos a los que les dais un valor que realmente no tienen, la verdadera prosperidad es tener lo que en cada momento es necesario, pero no desde la visión del ego, sino desde la visión del Espíritu y eso es algo que por ley está a vuestro alcance, pero aun siendo una ley universal, sois tan poderosos y tenéis tal capacidad de crear, que en muchas ocasiones os negáis a vosotros mismos la aplicación de esta ley y por tanto renunciáis a vuestra propia prosperidad o la cambiáis por ser prósperos en la escasez, por tener abundancia de escasez.

11
LA TIERRA

Me gustaría que me hablaras de la Tierra, ¿qué puedes decirme?

La Tierra está viviendo un proceso importante de cambio, está modificando su vibración, vive lo que algunos han bautizado como proceso de ascensión y ese cambio de frecuencia que está experimentando la Tierra os obliga a realizarlo a vosotros también, pues si no lo hacéis os quedáis anclados en el pasado y perdéis la sincronización con el latido interno del planeta y eso hace que percibáis el tiempo como acelerado pues estáis funcionando con un ritmo diferente al de la Tierra lo cual a su vez hace que sufráis y sintáis molestias a diferentes niveles, tanto mentales, emocionales como físicas, pues vuestra vibración choca con la vibración actual de la Tierra que ahora es más ligera y menos densa que la vuestra.

Para acompasaros con el ritmo y la vibración actual del planeta tenéis que soltar lastre, dejando atrás relaciones, trabajos y situaciones que ya no os satisfacen y que os hacen infelices. Algunos podrán hacerlo de golpe y se atreverán a dar ese salto sin red de seguridad, otros, en cambio, necesitarán hacerlo poco a poco, pero es importante ir tomando conciencia y permitiendo dejar atrás lo que ya no funciona, pues las estructuras y maneras de funcionar que hasta ahora eran válidas están dejando de serlo.

Otra cosa que os ayudará a actualizar vuestra vibración y acompasarla con la de la Tierra es el contacto con la Naturaleza, la Madre Tierra siempre espera abierta de brazos para acogeros, sois sus hijos y siempre está dispuesta a ayudaros y protegeros como lo hace una madre, incluso aunque la atacáis a menudo, ella siempre olvida y perdona, aunque a veces, muy a su pesar no puede evitar golpear a la humanidad con catástrofes naturales, pues es la única forma que tiene para trasmutar la energía negativa en positiva y así sanarse de todo el dolor que le producen sus hijos.

La Tierra ha iniciado un proceso imparable y los seres humanos solo tenéis dos opciones, sumaros al cambio y evolucionar junto con el planeta, lo que supondría ser más conscientes y vivir fluyendo con la vida y más enfocados en la luz y el amor o resistiros al cambio y manteneros enfocados en el miedo y en el rencor y aferrados a la necesidad de tenerlo todo bajo control, lo que os causará más sufrimiento y dolor.

Esto es lo que te puedo contar sobre la Tierra, no obstante te animo a que hables con ella directamente y permitas que se exprese a través tuyo tal y como yo lo hago.

12
LA INFANCIA: RECUERDOS Y ABUSOS

Recuerdo una vez que durante una consulta, en una sesión de lectura de Registros Akáshicos, una chica me preguntó sobre los motivos por los que no recordaba mucho de su infancia, la respuesta me pareció muy interesante y puesto que varias personas me han preguntado o me han comentado que les ocurre lo mismo, ¿puedes darme más detalles sobre ese tema?

Lo primero es puntualizar que la respuesta que recibiste para aquella pregunta no es válida para todas las personas, pues hay varios motivos por los que una persona puede tener pocos recuerdos de su infancia.

Una de las causas, puede ser fruto de que la persona recibiera algún tipo de maltrato o abuso durante su infancia y por ese motivo su mente construyera una especie de muro para encerrar ese recuerdo en algún lugar profundo de su cerebro, pero no es este el caso al que te referías, te refieres al caso de personas que de pequeñas tenían dones espirituales, pues esta es otra de las causas que puede hacer que algunas personas no tengan apenas recuerdos de su infancia, pues según fueron creciendo, en muchos casos, tanto su entorno como la sociedad les fue cuestionando la realidad que ellos percibían y les fue inculcando una realidad más acorde con la conciencia colectiva, hasta que poco a poco fueron perdiendo los recuerdos de haber interactuado con Seres de Luz o de haber accedido a otras realidades o dimensiones.

Esas personas asumieron a nivel inconsciente que si querían encajar en el mundo tenían que percibir la realidad igual que aquellas personas de su entorno y por eso al intentar recordar su infancia les costaba hacerlo, porque sus verdaderos recuerdos no encajaban con la realidad consentida por la mayoría, de ahí que muchas personas que en su infancia tenían percepciones extrasensoriales o dones espirituales tengan cierta incapacidad para recordar episodios de su vida, no obstante, lo bueno del momento actual es que estáis entrando en un tiempo en el que la vibración del planeta está permitiendo a aquellos que tuvieron que renunciar a sus dones volver a recuperarlos, pues ahora la Tierra necesita a todos los que perciben otra realidad o una realidad más amplia para sustentar los cambios energéticos que experimenta el planeta y así poder anclar, aquí en la Tierra, las nuevas energías que están llegando desde el centro de la Galaxia. Ese es precisamente tu caso, pues tu fuiste uno de esos niños que interactuaba y hablaba con seres de otras dimensiones, tal y como hace apenas unos años empezaste a recordar cuando volviste a experimentar nuevamente esas conexiones.

¿Puedes hablarme de los abusos en la infancia?, ¿qué objetivo tienen?

Este es un tema delicado, pues es algo con lo que estáis muy sensibilizados, pero la respuesta no es diferente a otras que ya te he dado, todo en vuestra vida ocurre con el propósito de que realicéis un aprendizaje, es cierto que desde el punto de vista humano, un abuso a un niño pequeño no tiene ningún sentido, pero a otros niveles más elevados de comprensión solo es una experiencia que busca el equilibrio y el equilibrio solo ocurre a través del aprendizaje, alguien que en otra vida abusó de los niños tiene muchas papeletas para acabar pasando por eso mismo en otra encarnación pero viviendo la situación desde el rol de víctima y no de agresor, esto a vosotros os parece un castigo, os parece un mal karma, que es un tema que asociáis al castigo y no al aprendizaje, que sería más correcto.

En este tipo de situaciones lo único que el Universo está buscando es restablecer el equilibrio y permitir que el amor sea restaurado, se ofrece a cada persona aquello que dieron o hicieron a los demás para que experimenten aquellas cosas que ofrecieron sin amor y puedan darse cuenta del dolor que causa todo lo que hacéis a los demás cuando lo hacéis desde el miedo y no desde el amor.

Sé que no es fácil para vosotros aceptar esta explicación y os hace pensar que algo falla en el Plan Universal, pero a pesar de que os cueste entenderlo así es, quizá os resulte más fácil si os enfocáis en que solo el amor es real, todo lo demás es pura ficción que desaparece cuando volvéis al Reino de Dios, pues vuestra experiencia en la Tierra es como una gran obra de teatro donde interpretáis un personaje que necesita aprender y expandir su conciencia, pero al acabar la obra de teatro y dejar de interpretar el rol que habéis elegido interpretar solo queda el aprendizaje y el amor con el que podéis contemplar la experiencia, el dolor desaparece, aunque a veces estáis tan apegados que incluso tras la muerte os cuesta desprenderos de las experiencias dolorosas y las arrastráis aún durante un tiempo, pero eso es algo que también forma parte de vuestro aprendizaje.

Sobre los abusos infantiles hay que decir también otra cosa, aquellos niños o niñas que con amor agrandaron su capacidad para perdonar y seguir adelante, logrando superar el dolor y dejando atrás esas experiencias, ayudaron mucho a otras personas a vivir estos procesos, incluso algunos iniciaron grandes cambios en la humanidad, pues cualquier obstáculo o situación dolorosa puede ser algo que os hunda, si así lo permitís, o puede ser algo que os haga crecer y evolucionar y con lo aprendido podéis producir grandes cambios en la vida de otras personas, cosa que ocurre cuando sois capaces de superar el obstáculo con vuestra capacidad de amar que todo lo cura.

Cuando pases por esta página
DILE A TU NIÑO/A INTERIOR QUE LO/A QUIERES

13
EL KARMA Y LOS NIVELES DE CONCIENCIA

Al hablar de los abusos has mencionado la palabra karma, ¿qué es el karma?

La palabra karma tiene que ver con la ley de causa y efecto, pero en el momento en que se menciona esa ley vuestra mente empieza a pensar en la idea de castigo y el significado de la palabra karma más que castigo, encierra la idea de aprendizaje y de restablecer el equilibrio de la fuerza primordial que es el amor.

Cuando observáis las consecuencias de vuestros actos, si lo hacéis desde el ego, es decir, desde el miedo, es evidente que percibís esas consecuencias como un castigo, pero el Universo solo trata de restablecer el equilibrio perdido, el karma no es algo tan grotesco como la idea del ojo por ojo, es algo mucho más profundo que encierra un aprendizaje y el aprendizaje siempre tiene que ver con dejar de ver a los demás como algo separado, por eso cuando hacéis algo a los demás los efectos de esa acción siempre acaban por volver a vosotros, qué mejor forma de demostraros que vosotros sois también el otro y que todo lo que le hacéis a los demás os lo estáis haciendo a vosotros mismos también, esa es la idea del karma, haceros ver que cuando atacáis o realizáis actos no amorosos dirigidos a otros, a quien realmente estáis negando el amor es a vosotros mismos.

El karma no pretende castigar, sino haceros entender, lo que ocurre es que cuando no entendéis o no aprendéis las consecuencias del karma pueden experimentarse como castigo, pues vuestra vida se complica y esas complicaciones os generan sufrimiento y os hacen sentir que estáis siendo castigados, sin daros cuenta de que en realidad sois vosotros mismos los que elegís sufrir al realizar actos que atentan contra vuestros hermanos que no son otra cosas que partes o reflejos de vosotros mismos.

Esto no siempre os resulta fácil comprenderlo, eso es porque para hacerlo, primero necesitáis alcanzar un nivel concreto de conciencia, un nivel que os permita ver que todos sois uno y que cualquier cosas que hacéis a los demás os la estáis haciendo a vosotros mismos, sería algo así como que al mirar vuestra imagen en un espejo y no gustaros lo que veis decidís pegarle un puñetazo, el espejo puede salir mal parado o no, pero el que siempre recibe el golpe es quien lo da, en este caso vosotros que sin lugar a dudas os habríais dañado el puño, que tal vez incluso estaría sangrando.

No obstante hay que decir en vuestro favor que ver el karma como aprendizaje es algo que se complica en los niveles inferiores de conciencia, pues vuestro ego juega con el tiempo para que no podáis ver que las consecuencias de vuestro actos están conectadas con vuestras acciones, ya que si sois responsables de protagonizar un acto fruto del desamor no siempre las consecuencias vienen de forma inmediata y eso hace que os cueste asociar y relacionar los hechos que vosotros realizáis con los que el Universo os devuelve tiempo después, lo interesante de esto es que según vais evolucionando y alcanzáis mayores niveles de conciencia, las causas y los efectos se van sucediendo más rápidamente y el tiempo de separación entre causa y efecto es cada vez menor, hasta el punto que pueden llegar a ocurrir casi de forma simultánea y en esos niveles de conciencia ya no queda la menor duda de que el Universo solo trata de restablecer el equilibrio que generan los actos carentes de amor.

¿A qué te refieres cuando hablas de niveles de conciencia?
Los niveles de conciencia son simplemente estados evolutivos diferentes. Estos niveles tienen un rango que va desde el nivel más básico o menos evolucionado en el que la conciencia de unidad es nula, hasta el nivel de mayor conciencia donde la unidad es lo único que existe.

En el nivel más básico o de menor evolución la idea de que todos somos uno o de que todos los demás son un reflejo no tiene ningún sentido y no solo no lo tiene sino que parece una gran estupidez, pues en ese nivel el aprendizaje a realizar tiene que ver con la propia supervivencia, con ser capaz de lograr la propia autonomía, es un nivel de conciencia donde se viene a experimentar el mayor nivel de individualización, es el nivel donde la percepción de Universo se vive de forma más separada y donde la cualidad que más predomina es la del egoísmo, pues solo existe la idea del yo y es una idea separada de todo lo demás, en este nivel se experimentan los instintos básicos que además suelen controlar a la persona, es decir, su vida gira en torno a la satisfacción personal, por tanto solo es importante para este nivel evolutivo todo lo que tenga que ver con la comida, el sexo y la supervivencia en general.

En el otro extremo de la escala se encuentra el nivel superior o de mayor evolución, en este nivel del ser, la persona que lo alcanza ya no experimenta la separación, ni la dualidad, pues se siente unido a todo lo que existe y percibe lo externo como extensiones de su ser, es decir, todo lo que le rodea forma parte de él y por tanto no percibe separación entre él y todo lo demás, ahí es cuando realmente cobra sentido la idea de que todos somos uno.

Entre estos dos extremos existen diferentes niveles que van de menor a mayor nivel evolutivo y que van progresando en la escala de emociones que van del miedo al amor.

Cuando pases por esta página
**CIERRA TUS OJOS UN INSTANTE, LLEVA
TU ATENCIÓN AL CORAZÓN Y RESPIRA
DOS O TRES VECES**

14
LA SENSIBILIDAD Y LOS TRASTORNOS MENTALES

¿Qué papel juega la sensibilidad en nuestra vida?

La sensibilidad es uno de los mayores dones que se puede tener, pues gracias a la sensibilidad tenéis la posibilidad de conectaros con todo, sin tu sensibilidad no serías capaz de percibirme ni comunicarte conmigo. Es importante que empecéis a ver la sensibilidad como un don y no como una emoción que os convierte en personas débiles, los niños que nacen ahora en la Tierra son seres muy sensibles, pero eso indica el gran poder que tienen, pues tienen el poder de cambiar la vibración del planeta y de todos los que lo habitan.

La sensibilidad puede ser causa de mucho sufrimiento cuando el entorno de la persona con ese don no es un entorno lleno de amor, por eso es importante que los adultos sanen su autoestima para poder ofrecer hogares llenos de armonía a todos esos niños que están naciendo y cuya conexión con el mundo espiritual es tan fuerte que les permite saber quiénes son y cuál es la misión que les ha traído a este mundo.

Los adultos están preocupados porque las nuevas generaciones no aceptan las reglas ni las estructuras que hasta ahora regían el mundo, eso es simplemente porque ellos vienen a cambiar todas esas estructuras, pues se han quedado obsoletas y ya nada tienen que ver con la vibración actual del planeta, por ese motivo no hay que tratar de cambiar a los niños, como si fueran ellos los que tienen un problema que se soluciona con medicación, los que tienen que cambiar son los adultos y permitir que sean los más jóvenes los que les guíen en este momento de cambio, donde ya no sirve la actitud de querer controlarlo todo y lo único que funciona es el acto de fluir, es decir, liberarse del apego y de querer estructurarlo todo y permitir que las cosas ocurran y adaptarse a ellas, es algo que les cuesta a los adultos, especialmente a todos los que se han desconectado de sí mismos, a todos aquellos que han tratado de esconder su gran sensibilidad bajo capas y capas de obligaciones y de actitudes rígidas causadas por el miedo a liberar todas esas emociones reprimidas durante tanto tiempo.

La sensibilidad es la madre de todos los dones y cuanto más sensible es una persona más poderosa es, pues la sensibilidad permite conectar con todo lo existe y todo lo que existe tiene cosas que contar, solo hay que aprender a escuchar. El verdadero poder está en aquello que permanece oculto para muchos, pero es visible o audible para aquellos que son capaces de sentir y sentir no es un don de unos pocos, es una capacidad que está al alcance de todos, pero para ello tenéis que liberaros de los miedos y atreveros a bucear en las profundidades de vuestro ser para ir sacando todo aquello que guardáis en vuestro interior y que tanto miedo os da que vea la luz, esa luz que lo único que puede hacer es sanaros y liberaros de todo aquello que os impide recuperar vuestra sensibilidad, esa sensibilidad que os hace poderosos y que forma parte del regalo que se os otorgó al ofreceros la vida.

¿Tienen los trastornos mentales alguna relación con los dones espirituales?

Nuevamente la pregunta no tiene solo una respuesta, pues no todos los trastornos mentales son debidos a percepciones sutiles de la realidad, hay diferentes trastornos que tienen sus causas en vivencias que podríamos englobar en la realidad convencional y que nada tienen que ver con dones espirituales o con percepciones acrecentadas de la realidad, pero sí que es cierto lo que insinúas en la pregunta, pues sí que existen casos de patologías relacionadas con la locura que tienen su origen en una capacidad de percepción de la realidad más allá de lo normal, esto ocurre porque algunas personas con ciertos dones no han sabido gestionarlos o no han tenido a nadie que les haya ayudado a hacerlo, pues no es algo que enseñen en vuestras escuelas, al menos no en las existentes en la actualidad y hasta hace cierto tiempo, e incluso aún, suele ser algo no muy bien visto por la sociedad.

Por suerte para vosotros, como te decía antes, la energía que llega ahora a la Tierra es diferente y está propiciando que todo lo que englobáis en términos como esotérico o paranormal esté saliendo a la luz, pues es tiempo de integrar todo eso con la realidad consensuada por la sociedad, ¿no te has fijado que cada vez es más frecuente que se hable de estas cosas en público y que incluso la ciencia esté empezando a acercar sus posturas a este tipo de temas?

Cuando pases por esta página
RECUERDA ALGÚN MOMENTO FELIZ

15
LA EVOLUCIÓN

Eso es cierto, es verdad que desde hace un tiempo cada vez es más fácil hablar de estos temas en casi cualquier sitio sin que te miren como un bicho raro, ¿a qué se debe?

Se debe al cambio del que te he estado hablando antes, al cambio de vibración del planeta. Desde hace un tiempo habéis entrado en una nueva era de expansión y de crecimiento y eso propicia que todo aquello que estaba oculto, en la clandestinidad bajo un manto de oscuridad, guardado con llave como algo prohibido, empiece a salir a la superficie y ahora mismo es algo imparable por mucho que todavía haya sectores, especialmente los que sustentan el poder, que no quieren que esto salga a la luz, pero incluso esos que intentan seguir jugando con las mismas reglas de antes, con las reglas que benefician solo a unos pocos, no tienen capacidad para detener el cambio que ha iniciado la Tierra.

Hace unos años si que estuvieron a punto de parar ese cambio y de hecho han conseguido retrasarlo en varias ocasiones, pero ahora ya no es posible porque la Tierra ya ha alcanzado una vibración que es humanamente imposible de parar, lo cual es algo que debéis celebrar porque empieza una nueva era mucho más luminosa, eso no quiere decir que la gente vaya a ser feliz como en los cuentos de hadas, pues seguirá habiendo gente que sufra, pero sufrirán aquellos que no se adapten a las nuevas reglas y son unas reglas que hablan de fluir y de permitir y no de controlar y seguir aferrados a las estructuras antiguas.

Para salir airosos de esta nueva era tenéis que ser como el agua de un río y fluir y no deteneros ante los obstáculos, sino ser creativos, permitiendo que la inspiración os guíe para sortearlos. Es momento de ser quienes sois, no lo que los demás quieren que seáis, es momento de escuchar y seguir los dictados del corazón y no de la razón, es un nuevo tiempo en el que el cerebro suelta las riendas del control y le cede el timón al corazón. No es que estéis obligados a hacer esto, simplemente quien no lo haga verá como su vida se complica y formará parte de ese grupo del que hablaba antes de los que seguirán sufriendo.

¿Por qué la información contenida en este libro y en otros que hablan de cosas similares no es válida o comprensible para todo el mundo?

La información si que es válida para todos, pero no es comprensible para todo el mundo en el momento actual, pues cada persona está viviendo su propio proceso evolutivo y no todos estáis en el mismo punto, por tanto no todos pueden comprender esta información, entenderla y sentir que es válida y real, pero eso no significa que los que no la entienden ahora no vayan a poder entenderla cuando les llegue el momento de hacerlo. En parte para eso existe gente como tú, sois muchos y cada vez seréis más los que os animáis a sacar vuestra historia a la luz y sabemos que no siempre os ha resultado fácil hacerlo, pues hasta hace poco y todavía ahora hay mucha gente que os critica, os juzga y piensa que estáis mal de la cabeza, también es cierto que no siempre sabéis como compartir esta clase de información, porque nadie os ha entregado un manual de instrucciones y es importante que sepáis que no se trata de convencer ni convertir a nadie, tenéis que informar, compartir vuestra historia y vuestros conocimientos y nada más, pues tenéis que respetar el proceso individual de cada persona y muchos de vosotros a veces os olvidáis de esto y es precisamente eso lo más importante, pues en el momento que lo olvidáis y tratáis de convencer a los demás de que vosotros estáis en lo cierto y ellos no, demostráis que no estáis entendiendo el mensaje que intentáis transmitir y por tanto hacéis que parezca poco creíble.

Es importante que entendáis que ser más o menos evolucionado no es ni bueno ni malo, no os convertís en mejores personas por estar más evolucionados, pues todos estáis en constante evolución y todos pasáis por etapas similares y recorréis el mismo camino, cada uno a su ritmo. Parte importante de ir evolucionando significa precisamente respetar a los demás hagan lo que hagan y decidan lo que decidan, se trata de mantenerse neutral y dejar que cada uno experimente su propio camino y a su propio ritmo, de ahí lo que te decía de no intentar convencer o imponer ninguna verdad, se trata de compartir simplemente y en ese acto de poner de manifiesto vuestras propias experiencias ya estaréis ayudando a aquellos que resuenen con lo que vosotros explicáis.

¿Puedes hablarme un poco más sobre la evolución?
En muchas ocasiones malinterpretáis la idea de ser más o menos evolucionado, tal y como te decía antes, ser más evolucionado no significa ser mejor ni peor, solo significa más experiencia, significa haber recorrido un tramo mayor del camino, pero por ese camino también pasarán el resto, puede que incluso alguno de los que ahora va rezagado acabe adelantando a muchos de los que van por delante. A pesar de este ejemplo quiero remarcar que no se trata de una carrera para ver quién llega antes, pues todos vais a llegar, algunos lo harán antes y otros lo harán después, pero no es importante enfocarse en la meta, pues la meta va a estar allí para todos esperando paciente, lo importante es el camino, pues la evolución solo es posible a través de la experimentación y del aprendizaje que se obtiene de dicha experimentación.

Si todos estuvierais en el mismo punto evolutivo vuestra vida sería muy monótona y os impediría percibir matices y escalas evolutivas diferentes, cuanto más evolucionados sois más capacidad tenéis para aceptar a los demás y alejaros del juicio, pero como te decía antes, a veces incluso vosotros, los que habláis abiertamente de estas cosas os dejáis arrastrar por el ego y pensáis que por el simple hecho de tener una comprensión un poco más profunda sois mejores que el resto, esa es una de las mayores trampas con las que os engancha vuestra mente, es un engaño de vuestro ego, y tenéis que ser conscientes de ello, pues cuanto más conscientes seáis más fácil os resultará escapar de esa trampa y entender aquello que queréis enseñar o compartir con los demás de una forma mucho más profunda.

El ego espiritual es aquel que os hace pensar que sois mejores que los demás porque sois espirituales o porque realizáis alguna práctica que os conecta con Dios o el Universo o porque rezáis, pero eso solo es otra artimaña del ego para haceros creer que sois especiales y así inculcaros la idea de que estáis separados de los demás, de que unos son mejores y otros peores, lo divertido del asunto es que sí que sois realmente especiales, pero lo sois todos, al margen de las prácticas que hagáis y a quién le recéis, nadie es más especial que nadie, pues todos tenéis un propósito y todos tenéis un lugar en el mundo, si no fuera así, no estaríais en él.

La teoría es muy fácil, ¿pero qué pasa con la práctica, es tan sencilla?

La teoría es fácil y la práctica también lo es, pero estáis tan acostumbrados a hacer las cosas de forma diferente, estáis tan acostumbrados a dejar que sea la mente la que organiza y decide qué hacer, que cuando se os sugiere que dejéis que sea el corazón el que os guíe se os hace un mundo.

La práctica es sencilla y la mayoría habéis experimentado a lo largo de vuestras vidas momentos en los que os habéis dejado llevar por el corazón, por tanto sabéis cómo hacerlo aunque no lo creáis, no obstante es importante remarcar que también muchas veces habéis justificado vuestro comportamiento achacándolo al hecho de seguir vuestros sentimientos a pesar de que era la mente la que os estaba convenciendo de lo que creíais sentir y esto es fácil entenderlo si pensáis en alguna vez que os habéis enamorado tan profundamente de alguien que pensabais que vuestra felicidad dependía de que esa persona os correspondiera, esta situación nada tiene que ver con el corazón, no pretendo decir que no sintierais nada por la persona de la que estabais enamorados, pero era la mente la que os hacía vivir en la creencia ilusoria de que vuestra felicidad dependía de alguien más que no fuerais vosotros mismos.

El verdadero amor no se vive desde la necesidad o desde la dependencia, se vive desde la libertad y siempre que no encontréis libertad en el amor que sentís por otra persona es que lo estáis viviendo desde la razón y no desde el corazón.

Al principio todo esto os puede parecer increíblemente difícil, pues no estáis acostumbrados a vivir dejando de controlar todo, fluyendo, pero cuando empezáis a hacerlo, poco a poco vais viendo y entendiendo lo sencillo que es y eso os lleva a querer cada vez más hasta que lográis la maestría. No os dejéis engañar por la mente, pues ella os va a hacer creer que esto es imposible o al menos muy complicado y es tan sencillo como lo es lo que hacéis ahora, la única diferencia es que actuando desde la razón y el control lográis pequeñas dosis de felicidad y grandes dosis de desdicha, en cambio cuando empezáis a fluir y a seguir vuestra propia inspiración se invierten las dosis y aumentan las de felicidad y disminuyen las de desdicha.

Cuando pases por esta página
DA LAS GRACIAS POR ALGO QUE HAYA EN TU VIDA

16
LA SOMBRA

Háblame de la sombra

La sombra es aquello que no queréis reconocer en vosotros, aquello que incluso en la mayoría de las veces os intentáis ocultar a vosotros mismos, la gracia de todo el tema es que la sombra solo busca ser tocada por la luz, solo busca ser traída a la conciencia e integrada, pues mientras no la integráis tiene un poder en vuestra vida que se refleja en todo lo que os ocurre, pues esta es la forma en que esa parte de vosotros, que rechazáis, puede llamar vuestra atención para que seáis conscientes de ella.

El problema es que la veis como algo externo a vosotros y no os dais cuenta que todo lo que ocurre en vuestra vida es un reflejo de algo que hay en vuestro interior, sois los protagonistas de vuestra vida, todo lo que pasa en vuestra vida tiene que ver con vosotros, pues sois el centro de ella, sois como el actor o actriz principal, todo forma parte de vuestra historia, aunque en muchas ocasiones cedéis el protagonismo a otros, manteniéndoos en un segundo plano, aun así seguís siendo los protagonistas, lo único es que cedéis el papel estrella a otras personas y de esta forma no solo no tomáis responsabilidad de lo que os ocurre, sino que jugáis a culpar a otros de vuestras desgracias, en vez de responsabilizaros y tomar conciencia para poder cambiar el guión de vuestra película y darle una vida más alegre y sana a vuestro personaje.

El mundo es solo un espejo que os refleja, sé que esto no se puede comprender desde ciertos niveles de evolución, pues hay niveles inferiores evolutivos en los que esto parece una estupidez sin ningún sentido, pero según vais despertando y empezando a comprender os dais cuenta de la verdad de esta afirmación, todo lo que ocurre en vuestras vidas, todas las personas que aparecen y todas las situaciones en las que os veis envueltos os están hablando de vosotros, os están enseñando partes de vuestro interior, aquellas que os disgustan os están dando la oportunidad de sanar cosas e integrar esa sombra que manifestáis proyectándola en los demás, dándoles un guión en vuestras vidas en los que interpretan al malo de la película, que no es otra cosa sino aquello que no os gusta de vosotros mismos, aquello que ni siquiera os atrevéis a reconocer en vuestro interior, la gracia de esto es que cuando aceptáis esa oscuridad que hay en vosotros y le dais conciencia a la sombra, la estáis iluminando y al hacerlo deja de controlar vuestra vida, pues la integráis y la aceptáis y ya no necesita seguir manifestándose para hacerse visible y obtener vuestro reconocimiento.

Pero hay una cosa que muchas personas que hablan de la sombra no dicen y es que para hablar de la sombra también hay que hablar de la luz, cuando veis algo que os emociona, os enternece o despierta un sentimiento de amor o compasión en vuestra vida eso también es un reflejo de lo que sois, pues no solo proyectáis vuestra sombra, también vuestra luz se proyecta en el mundo, en vuestra vida, lo que pasa es que con la luz no hay necesidad de trabajar nada, basta con disfrutar de esos momentos, de esos reflejos de vuestra luz, en cambio con la sombra si que hay un trabajo que hacer, primero tenéis que reconocerla, identificarla y entender que es una proyección vuestra y luego acogerla y dejar de juzgarla, eso significa dejar de juzgar también al actor o la actriz que se ofreció para representar ese papel en vuestra película, pues esa persona solo os está haciendo un favor, el favor de mostraros algo que hay que sanar en vuestro interior, algo que no está equilibrado en lo más profundo de vuestro ser.

El trabajo con la propia sombra y con la idea de que el mundo es un espejo que os refleja no es fácil, especialmente al principio, cuando empezáis a verlo, pues supone asumir la responsabilidad de vuestra vida y eso significa dejar de culpar y señalar a los demás como la causa y el origen de vuestros sufrimientos, sin embargo con el tiempo, si se va trabajando cada vez es más fácil reconocer y aceptar la propia sombra y de esta forma cada vez interfiere menos en vuestra vida, lo cual os permite disfrutar de una vida más armónica y luminosa.

17
LA ALIMENTACIÓN

¿Tiene alguna importancia la alimentación a nivel evolutivo?

Sí, por supuesto, la alimentación es algo realmente importante y hay que tener esto muy presente, actualmente coméis alimentos que han sido alterados con productos químicos o que han sido modificados genéticamente, todo eso hace que se produzcan en vosotros ciertos cambios de frecuencias que os dificultan evolucionar y encaminaros al proceso que algunos han denominado de ascensión, todas estas modificaciones os alejan de vuestra conexión con la Madre Tierra, pues es ella la que os ha alimentado siempre ofreciendo los alimentos más adecuados a cada persona dependiendo del lugar en el que viva, interferir en los alimentos os hace mucho más vulnerables a las enfermedades y os desconecta del proceso evolutivo que vive actualmente la Tierra.

Los productos adulterados no son naturales y eso ya os puede indicar que lo que hacen es apartaros de la naturaleza, no solo de la del planeta, sino de la vuestra propia. Como Seres de Luz que sois necesitáis nutriros con alimentos llenos de luz y todos los productos que han sido manipulados y alterados o que han sufrido varios procesos de modificación o de elaboración han perdido prácticamente toda su luz, por tanto no solo no os nutren, sino que os hacen envejecer antes y os enferman.

Los alimentos más sanos son aquellos que se cultivan próximos a las zonas que habitáis y es bueno comerlos dentro de la temporada en la que crecen cuando no se les altera para que crezcan durante todo el año, por tanto son ideales los que conocéis como productos de cercanía y de temporada, son estos productos los que más os benefician y lo mejor es cocinarlos de formas poco elaboradas para que no pierdan todos sus nutrientes.

Por lo que dices, creo intuir que nos aconsejas una dieta vegetariana, ¿es eso lo ideal?
No necesariamente, es cierto que a nivel evolutivo el proceso de ascensión como algunos lo han bautizado significa ir poco a poco aligerándose, pasar de ser una estructura densa a ser una cada vez un poco más sutil y el paso de la alimentación carnívora a una vegetariana encaja perfectamente en esa idea, pero es importante entender que cada persona tiene sus propios procesos y su propio ritmo, por tanto no es algo que se pueda forzar porque se haya puesto de moda, porque lo diga algún entendido en la materia o por que yo mismo lo sugiera, cada persona tiene que vivir el proceso de forma personal y sin forzarlo, pues forzarlo no ayuda a avanzar sino todo lo contrario, el avance solo es factible cuando se realiza en el momento adecuado, ni antes ni después.

Tú mismo sigues comiendo un poco de carne, aunque cada vez menos y está bien, pues actualmente aún te beneficia y la necesitas, por tanto es correcto y perfecto para ti, no tanto otros productos que ingieres, pero no voy a darte un tirón de orejas públicamente, tú ya sabes de que alimentos te hablo, pero es tu decisión, e incluso esos productos que sabes que no te convienen los irás dejando cuando estés preparado, ni antes ni después, intentar forzarlo sería un error que lo único que te aportaría sería frustración.

Lo que es verdaderamente importante es empezar a tener conciencia de que la alimentación es algo muy valioso y que conviene que la cuidéis todo lo que podáis, pero también es importante que sepáis que la mayoría de las veces es más dañino el pensamiento asociado a los alimentos que ingerís que el propio alimento en sí.

En realidad si escucharais más a vuestro cuerpo sabríais qué alimentos comer, cuáles os convienen y cuáles no, pero esto es como el pez que se muerde la cola, pues al comer alimentos adulterados os cuesta más escuchar lo que vuestro cuerpo os quiere decir, es conveniente que empecéis a ser conscientes y observéis como os sientan los alimentos tras comerlos, pues si empezáis a hacer ese pequeño ejercicio de observación comenzaréis a distinguir cada vez mejor lo que os conviene y lo que no.

18
LA FAMILIA Y LAS RELACIONES

¿Puedes hablarme de la familia?

Vuestras familias se pueden clasificar en dos grupos importantes, en realidad se podrían agrupar en más de dos, pero son esos dos los más importantes, así que me concentraré en esos dos para hablarte de la familia.

El primer grupo lo componen las personas que forman parte de vuestra familia a nivel genético o familia de sangre, no es casualidad que nacierais en el seno de una familia y no en otra, pues como almas os elegisteis mutuamente para propiciaros el aprendizaje que decidisteis realizar en esta experiencia.

Vuestros familiares más cercanos son los que se ofrecieron como primeros voluntarios para ayudaros en las enseñanzas que requerían de más tiempo de aprendizaje, algunos os olvidáis de ello y salís huyendo de la familia, pero eso tampoco sirve de nada, pues cuando un alma traza un plan para su aprendizaje se encarga de organizar el plan a prueba de fugas con muchos recursos para solventar casi cualquier posibilidad de fallo del plan por remota que parezca y se asegura que siempre hay suplentes que permiten continuar con el aprendizaje pactado, algo así como un profesor suplente en una escuela, con el siguiente ejemplo será más fácil entenderlo, si alguien sale huyendo de un aprendizaje con su padre, porque siente rechazo por él, se acabará encontrando con otras personas que interpretarán el mismo rol que interpretaba el padre, ya sea un jefe, una pareja o cualquier otra persona con la que se relacione de alguna manera, pues las almas valoran mucho los aprendizajes que eligen y no los eligen al azar, lo hacen sobre aquellos temas que no han logrado aprender en otras existencias o sobre aquellos temas que condenaron y juzgaron en otras vidas.

El segundo grupo lo componen almas afines o lo que conocéis como familia del alma, en este caso no se trata de familia de sangre, sino de almas que se ofrecieron voluntarias para colaborar en vuestro plan de aprendizaje y estas almas se dividen a su vez en dos grandes grupos, por un lado están aquellas almas guías, que como su nombre indica os guían, os ayudan y os apoyan cuando os sentís perdidos, estás son almas que se ofrecieron para ayudaros a completar vuestros aprendizajes acompañándoos y compartiendo vuestros procesos en algunas ocasiones y enseñándoos en otras y por otro lado están las almas maestras que son aquellas que se ofrecieron para enseñaros y lo hacen desde el polo negativo, es decir, eligieron sacrificarse para infligiros dolor y permitiros aprender a perdonar y amar, pues solo el amor lo trasciende todo. Esas almas eligieron interpretar ese papel a pesar de que no es un papel fácil para ellas, pero lo hicieron por el gran amor que sentían por vuestra alma.

Todas las almas que se relacionan ya sean familia de sangre o no están conectadas unas a otras e intervienen unas en el plan de otras y viceversa, por tanto nadie aparece en vuestras vidas por azar o por casualidad, todo forma parte del plan que trazasteis como alma antes de experimentar esta vida.

¿Qué ocurre con las personas adoptadas o huérfanas?

En el caso de las personas adoptadas, es parte del plan, tal y como te explicaba antes, al trazar el plan el alma se asegura de tener las oportunidades necesarias para completar su aprendizaje y esto supone tener varios suplentes para garantizar que el programa de estudios pueda completarse, a veces es simplemente un pacto entre las almas, que ya organizaron su vida con el aprendizaje de perder a sus padres al inicio de su experiencia, en otros casos el alma que se había ofrecido voluntaria para hacer de madre o de padre no se siente capaz de completar su compromiso y se aparta para dejar sitio para el plan B, que sería, en este caso, la aparición de un suplente que ayude a sacar adelante el aprendizaje pactado.

En el caso de las personas huérfanas ocurre lo mismo, en algunos casos parte del aprendizaje que eligió el alma era experimentar la ausencia de padres, tal vez porque en otra vida mató a los padres de alguien y en esta decide realizar un aprendizaje en torno a ese tema y opta por ponerse en el lugar del alma al que le arrebató la familia o bien por cualquier otro motivo que dicha alma haya necesitado experimentar esa vivencia, tal vez para comprender algo que en otra vida no logró comprender y aprender.

En técnicas terapéuticas como las Constelaciones familiares y en informaciones canalizadas de los Registros Akáshicos se le da mucha importancia a la relación con la madre, ¿puedes explicar por qué?
Esta pregunta la voy a contestar de una forma que sé que os va a gustar, especialmente a ti, pues voy a daros la respuesta de un modo poco convencional, imaginad que la vida de cada uno de vosotros es como una película, lo cual en verdad no es algo tan alejado de la realidad, vuestra madre es como la actriz veterana que ha tenido una larga carrera de éxitos y reconocimiento y en vuestra película interpreta el papel secundario de una forma magistral, vosotros sabéis que se va a llevar el Oscar como mejor actriz de reparto por su interpretación y por ese motivo sentís que os está robando el protagonismo, con lo que decidís luchar contra ella y la rechazáis cada vez que tenéis la oportunidad de hacerlo, la gracia del asunto es que si decidierais acogerla y sentir alegría por ella, por su triunfo, al alegraros de su premio tendríais la oportunidad de recoger el vuestro propio, el premio al mejor actor protagonista, pues cuando integráis y sanáis la relación con vuestra madre se resuelve un alto porcentaje de vuestra vida, pues la madre es el origen de la vida y al integrarla os ponéis del lado de la vida, os posicionáis en el mismo bando de la naturaleza, en el mismo bando del Universo donde la vida es amor en expansión y eso os permite fluir en la dirección correcta, lo que se traduce en mayor paz interior y por tanto mayor bienestar a todos los niveles.

Vuestra madre es el origen de vuestra vida, pero no solo en lo referente a que es ella quien da a luz a la persona que sois, sino que ella es también el origen de vuestra historia personal en cada reencarnación, pues a la madre la elegís antes de nacer por aquellos aprendizajes que puede aportaros y que habéis escogido antes de experimentar la vida en la Tierra.

Cuando sanáis la relación con vuestra madre os estáis dando permiso para respetar la vida y la vida os premia mejorando vuestras relaciones, vuestra prosperidad, vuestra salud y todo lo que permita que tengáis una vida más armónica y más plena conforme a vuestro plan del alma y a vuestra misión en el planeta.

Tal vez os cueste aceptar esta idea, pues si hacéis un balance de la relación con vuestra madre y la juzgáis desde la razón, tal vez vuestra madre no haya sido el mejor ejemplo o la persona más amorosa en vuestra vida, tal vez incluso os haya maltratado verbal o físicamente, tal vez os abandonó al nacer, tal vez nunca supo daros el amor que tanto anhelabais, tal vez hizo las cosas de forma diferente a como a vosotros os hubiera gustado, pero tanto si fue o no una buena influencia para vosotros, tanto si fue capaz de colmaros con amor y os protegió o si no fue capaz de hacerlo, hay algo que hizo a la perfección y la prueba de su éxito rotundo sois vosotros que estáis aquí hoy, pues vuestras madres cumplieron con la misión de traeros al mundo, de daros a luz y ese es un milagro que tenéis que agradecer por encima de todas las cosas que pudieron hacer mejor o de otra manera, vuestras madres os hicieron el mayor regalo que podían haceros que es daros la oportunidad de nacer y vivir esta experiencia.

Todo lo demás, lo que valoráis como bueno o como malo en la relación con vuestra madre solo son aprendizajes que pactasteis con ella antes de nacer y por ese motivo tenéis que estar agradecidos y ese agradecimiento salda la deuda con ella y os libera de muchas de las ataduras y bloqueos que os impiden avanzar y prosperar en la vida. Revisad la relación y lo que sentís por vuestra madre y mirad de comparar esa relación y esos sentimientos con otras relaciones en vuestra vida, como por ejemplo con vuestras relaciones personales, con vuestra relación con el dinero, con vuestra relación con vuestros jefes, al hacerlo, tal vez empecéis a entender muchas cosas de las que hasta ahora no os habíais dado cuenta.

¿Qué importancia tiene el padre?

La relación con el padre también es importante para que encontréis vuestro sitio en el mundo, el es el que os transmite la forma en la que os relacionáis con los demás y cómo actuáis ante los desafíos que os plantea la vida. De él heredáis la parte activa, es decir, la parte que os permite actuar y entrar en acción. Ser capaces de sanar la relación con el padre y con la madre os permite equilibrar vuestro lado masculino y femenino y cuando lográis ese equilibrio os sentís más completos y tenéis más capacidad para gestionar vuestra vida y permitiros alcanzar vuestro potencial. Todas las personas hacéis uso de esas dos fuerzas que coexisten en vuestro interior, la fuerza femenina y la fuerza masculina, a veces el desequilibrio que hay entre estas dos energías hace que desarrolléis mucho más vuestra capacidad sensitiva y creativa que vuestra capacidad de actuar y dar forma a vuestros proyectos, en otras ocasiones es justo al contrario y actuáis mucho pero lo hacéis de forma excesivamente racional, sin escucharos y sin atender a las demandas de vuestro corazón y vuestra alma.

Este desequilibrio entre la energía masculina y la femenina que tenéis todos al margen del rol que os haya tocado interpretar en esta existencia, es el causante de que la mayoría de las personas os sintáis incompletas y busquéis una pareja con la que completaros, estableciendo con ello las bases de una relación de pareja basada en la dependencia y en la necesidad de llenar un vacío interior en vez de basarla en el amor, en el respeto y en la colaboración.

Sanar la relación con el padre es importante para todas las personas, pero es muy importante para aquellas que les cuesta actuar, que les cuesta hacer cosas y tomar decisiones en la vida, pues todas ellas tienen un desequilibrio en su energía masculina que tiene su origen en la relación con sus padres o en la línea paterna de sus ancestros.

Toca hablar de las relaciones de pareja, ¿qué me puedes contar?

Las relaciones de pareja suelen aportar algunos de los grandes aprendizajes que elegís como alma, pues vuestra pareja acepta convertirse en la persona que os va a ayudar a trascender algún aprendizaje que os ha resultado complicado a lo largo de vuestra existencia, los aprendizajes pueden ser muchos y muy variados, desde aprender el valor del respeto o de la paciencia, pasando por otros aprendizajes que vosotros consideráis más difíciles como puede ser aprender a quereros y sanar vuestra autoestima, aprendizaje que en ocasiones no realizáis a menos que os maltraten hasta llegar el día en que decís basta.

Las relaciones de pareja son de las más complejas, especialmente en las parejas que conviven juntas, pues es la convivencia uno de los exámenes que más os cuesta aprobar, ya que en la convivencia os veis reflejados los unos en los otros una gran parte del tiempo y os cuesta aceptar que lo que os molesta de la otra persona es lo que tenéis que trabajar en vosotros, pues solo es un reflejo que proyectáis en el otro.

En la convivencia no es fácil ocultar lo que cada uno es, eso es algo que acostumbráis hacer en el resto de relaciones, os guardáis aquellas partes vuestras que os avergüenzan o que no os gustan de vosotros mismos, pero en la relaciones de pareja, que suelen ser de las más cercanas y en las que más tiempo juntos se invierte, es difícil tratar de fingir, ya que fingir es algo antinatural y como tal os cuesta mucha energía mantener esa actitud, que podéis mantener a ratos pero que os resulta imposible defender todo el tiempo.

Es en las relaciones más cercanas donde no tenéis más remedio que quitaros la máscara y ser como creéis que sois, pero en realidad lo que enseñáis a los otros cuando os quitáis las máscaras tampoco es la versión real de lo que sois, sino una versión fabricada por vuestro ego, que debido a la culpa, al miedo y a todas las creencias negativas que tenéis sobre vosotros mismos sigue siendo una versión muy alejada de lo que verdaderamente sois, que es amor.

¿Las relaciones de pareja tienen que ser para toda la vida?

La respuesta es no y sería una locura pensar lo contrario, las relaciones de pareja, de amistad, laborales o de cualquier tipo solo tienen sentido mientras tenéis que realizar el aprendizaje al que os habéis comprometido, eso no quiere decir que una relación no pueda ser duradera o que no pueda durar toda la vida, pero no es algo que tenga que ser así por ley divina.

Las relaciones de cualquier tipo se mantienen el tiempo que son necesarias y luego lo normal es que dejen espacio para otras relaciones que tiene nuevas cosas que aportar y nuevos aprendizajes que ofrecer, las relaciones que se terminan ofrecen la oportunidad de trabajar el desapego, la mayoría de las personas no son conscientes de eso y optan por tirar por la borda relaciones que han durado años y que podrían haber acabado de forma amistosa, pero evidentemente para poder poner punto y final a una relación con esa actitud se necesita cierto nivel evolutivo y trabajarse el apego, pues nada ni nadie os pertenece, las personas y las cosas que forman parte de vuestra vida no son pertenencias o propiedades vuestras, por tanto no tenéis ningún derecho sobre ellas, solo os están dando una oportunidad de evolucionar mediante el aprendizaje que supone convivir o compartir experiencias con ellas.

Lo normal es que una relación dure el tiempo en que las partes implicadas estén reflejando cosas mutuamente y ofreciéndose, por tanto, oportunidades de aprender y crecer como personas.

En algunas ocasiones las parejas se separan porque ya han hecho el aprendizaje que tenían que hacer como pareja, pero mantienen una relación de amistad porque pueden seguir el aprendizaje, en esta ocasión, cambiando el rol y pasando de ser pareja a ser amigos.

Lo más importante en una relación no es el tiempo que dura, sino que la aprovecháis para crecer y expandir vuestra conciencia en busca de regresar a vuestro origen, en el que única y exclusivamente sois una manifestación del amor infinito.

¿Cómo nos afecta la historia de nuestros ancestros?

Las historias no resultas o los aprendizajes no realizados por vuestros ancestros se van heredando de generación en generación, lo cual marca vuestras vidas a fuego con la historia familiar.

Cada uno de vosotros sostiene en sus espaldas parte de esa historia ancestral que quedó pendiente de un final luminoso y armónico. Todas aquellas lecciones o aprendizajes que no pudieron completarse o resolverse bajo la influencia del amor incondicional quedan grabadas en vuestra impronta energética y se van trasmitiendo de generación en generación a la espera de una resolución satisfactoria, son las sombras acumuladas de la familia que permanecen a la espera de salir a la luz, pues la sombra solo quiere dejar de estar escondida y ser expuesta a la conciencia y al amor para así dejar de ser una carga.

Vosotros como almas os ofrecéis voluntarios para sanar a vuestro árbol genealógico cuando, junto con vuestros guías, planificáis vuestro plan del alma y vuestra misión de vida, sois voluntarios en una tarea que cada vez que uno de vosotros no consigue realizar se va complicando para las generaciones siguientes.

Como almas sois conscientes de que algunas de vuestras tareas son grandiosas pero vuestra generosidad os incita a aceptarlas y a tratar de cumplirlas, pero cuando estáis inmersos en la experiencia terrenal muchos os sentís desbordados y perdidos, pues no comprendéis como vuestra vida puede ser tan complicada.

Solo hay una forma de desenredar vuestra historia familiar y ancestral y ese forma consiste en amar cada cosa que ocurre en vuestra vida y a cada persona que llega a vuestro encuentro, sin importar si es algo o alguien que os resulte agradable o no, pues solo el amor incondicional tiene la capacidad de sanar y deshacer cualquier enredo por complejo que sea, no obstante a veces necesitáis de muchas encarnaciones para daros cuenta de ello, mas no es importante el tiempo que tardéis en llegar a esa conclusión, pues vuestra alma es imperecedera y tenéis todo el tiempo del mundo, pero cuanto más rápido lleguéis a esa conclusión más rápido recuperaréis la paz interior que os abre las puertas del Cielo y os permite vivir en un estado de amor y dicha constante.

Sé que esto aún os resulta difícil de comprender y mucho más de experimentar, pero cada paso que dais en esa dirección, más cerca estáis de la comprensión de esta verdad y de vivirla en primera persona.

19
LAS MASCOTAS

¿Qué puedes contarme sobre las mascotas?

Los animales de la Tierra son seres, que al igual que vosotros los humanos, están aprendiendo y evolucionando, algunos de ellos, aunque no lo parezcan están más evolucionados que vosotros y son conscientes de que el amor lo es todo y eso es lo que expresan con su comportamiento.

Pero en el caso concreto de las mascotas o de los animales que os acompañan a lo largo de vuestra vida son como si fueran vuestros propios hijos, forman parte de vuestras familias y por tanto parte de su misión es similar a la que realizan las generaciones nuevas que van naciendo en vuestra familia, algunos de ellos, como por ejemplo los perros, vienen a enseñaros el significado del amor incondicional, otros como por ejemplo los gatos vienen a enseñaros el amor incondicional sin apegos, es decir os vienen a enseñar lo que es el desapego y que el desapego es totalmente compatible con el amor incondicional, de hecho es la mejor forma de amar, sin considerar al objeto o la persona a la que amáis una pertenencia.

En el caso concreto de los gatos ellos también ejercen de guías y tal y como indican muchos mitos de las culturas populares tiene una conexión muy grande con el mundo espiritual y por ese motivo tiene la capacidad de transmutar las energías densas o de baja vibración.

Tanto los perros como los gatos, que son las mascotas más comunes, son capaces, en muchas ocasiones, de liberar a sus dueños de enfermedades, pues su amor incondicional les permite ofrecerse para aliviar el dolor a sus dueños y asumir así algunos o la totalidad de los síntomas que estaban destinados para sus dueños.

Los animales con los que algunos compartís vuestra vida tiene la capacidad de leeros, no leen vuestra mente, pues les resulta muy complejo todo lo que tenéis en ella, pero sí que leen en vuestro corazón y perciben con gran claridad la información que hay en vuestra aura y la energía que os rodea, basta que os fijéis en los perros, según que persona pase por su lado o se le acerque empiezan a ladrar, a vosotros muchas veces os extraña, porque a lo mejor conocéis a la persona a la que ladran y os parece que es una persona agradable y puede que lo sea, pero lo que no percibís es la energía que les rodea, cosa que sí hacen los animales y cosa que también hacen vuestros bebés humanos hasta que los arrastráis hasta vuestro mundo mental en el que empiezan a perder gran parte de su conexión con la Totalidad del Universo para empezar a llenar la cabeza de pensamientos y juicios como los adultos.

Otra de las cosas que os tratan de enseñar los animales es a vivir en el aquí y en el ahora, los animales no están preocupados por el pasado ni por el futuro, simplemente viven su presente y así son felices, eso es algo que os conviene aprender de ellos si estáis buscando la felicidad, pues la felicidad solo puede encontrarse en el momento presente, ni antes ni después, solo en el ahora, porque el ahora es lo único que existe, cuando os preocupáis por el pasado y por el futuro, la preocupación la estáis experimentando en el presente, pues es en el único momento en el que existís, así que con esa actitud solo os estáis privando de ser felices y de experimentar la paz que os ofrece el estar conscientes del ahora.

Observar a un gato o a un perro, o a cualquier otro animal, veréis que se siente pleno con lo que hace en cada momento, tanto si es jugar, como si es comer, como si es dormir, todo lo que hace lo hace en un estado de presencia, en un estado en el que puede experimentar la totalidad de lo que es.

20
EL PLAN DEL ALMA

¿Al hablarme de la familia me has hablado del plan del alma, es lo mismo que la misión de vida?

No, no es exactamente lo mismo aunque están muy conectados. La misión de vida tiene que ver con lo que tu vienes a hacer y eso que tú vienes a aportar si que tiene que ver con el plan del alma de otras personas e incluso con el tuyo propio.

La misión de vida, tal y como te dije antes se divide en dos partes, la que tenéis que hacer con vosotros mismos, que es experimentaros y aprender a amaros y por otra parte está la misión de vida que tiene que ver con algo que afecta también a otras personas, tiene que ver con lo que habéis decidido aportar a los demás, ya sea a unos pocos o a muchos, eso es algo que también habéis pactado, normalmente esta segunda parte no la hacéis efectiva hasta que habéis empezado a avanzar en la primera parte, que es la de aprender a amaros a vosotros mismos.

En cuanto al plan del alma tiene más que ver con aquellas cosas que queréis aprender o trascender y que en otras vidas no pudisteis aprender porque os quedaron pendientes o porque no fuisteis capaces de realizar el aprendizaje.

Es evidente que ambas cosas están unidas y trazar una línea que las divida es difícil, pero sí que son dos cosas diferentes.

Con vuestra misión de vida ofrecéis aprendizajes a otras almas, es decir, participáis en el plan de vida de esas almas, pues pactaron con vosotros el aprendizaje que les ibais a enseñar y en caso que no lleguéis a completar vuestra misión, aunque la misión de cada uno es única e insustituible, lo que sí que pueden obtener esas almas que no reciben el aprendizaje al no cumplir vosotros con vuestra parte, es el aprendizaje a través de un suplente, que aun no teniendo la misma misión que vosotros, pues como te he dicho cada misión es única, sí que puede ofrecerles a las otras almas el aprendizaje que les había quedado pendiente al no completar vosotros vuestra misión, pues los aprendizajes sí se repiten, pero las misiones no, pues todos sois únicos.

Una forma de simplificar todo esto es pensar que la misión de vida tiene que ver con lo que vosotros venís a enseñar a los demás, que normalmente primero tenéis que aprender vosotros a través de vuestro plan del alma y el plan del alma tiene que ver con lo que venís a aprender, así que la cosa se resume en enseñar y aprender, por tanto vuestras misiones de vida y vuestros planes del alma están interrelacionados con los de las demás personas, pues enseñáis y aprendéis los unos a los otros constantemente.

¿Puedes explicarme un poco más esto de que las misiones son únicas, pero los aprendizajes no?

Sí, esto es más sencillo de explicar. La misión es única porque todos sois diferentes y únicos a la vez, pero los aprendizajes se pueden hacer a través de varias almas aunque tengan misiones diferentes, es decir, supón que un alma tiene que aprender a trabajar el desapego, esa lección la puede aprender tanto de una persona como de otra.

Aunque los aprendizajes suelen ser de índole más profunda te pongo un ejemplo más sencillo basado en cosas terrenales, imagina que un niño tiene como plan de alma aprender a nadar, podría aprender a través de su padre que le enseña a nadar, porque como padre tiene la misión de proteger a su hijo o podría aprender de un profesor de natación que tiene como misión enseñar a nadar a las personas. El plan del alma del niño es aprender a nadar, pero, en este ejemplo, puede hacerlo a través de su padre cuya misión es proteger a su hijo o a través de un profesor cuya misión es enseñar a la gente a nadar, con lo que dos personas con misiones diferentes pueden ayudar a completar el plan de vida de otra persona. Pero vuelvo a decirte que el plan del alma y la misión de vida están unidos y es difícil trazar una línea que los separe.

21
LA VIDA Y LA MUERTE

La vida humana en la Tierra es muy corta, si la comparamos por ejemplo con la de algunos árboles, ¿por qué?

El tiempo no existe, al menos tal y como vosotros lo experimentáis, aunque por la forma en que está diseñada esta experiencia en la Tierra, existe la necesidad de crear una medida con la función de definir un marco temporal para vuestro aprendizaje. Tenéis que entender que vuestra alma es infinita e imperecedera y por eso la vida os puede parecer corta, pero en realidad no lo es, solo tiene esa apariencia, pero la vida continua siempre, lo que acaban son las diferente experiencias por las que pasáis como alma, pero la vida es eterna.

Sois inmortales, tenéis muchas vidas, aunque más que vidas sería más correcto decir que tenéis muchas experiencias. La idea de que el tiempo no existe que habéis oído a menudo y por la que hasta la ciencia se ha interesado es muy difícil de comprender para la mente humana, el tiempo solo es una percepción y como tal lo que sí que habéis notado todos en algún momento de vuestra vida es que es un concepto flexible y que no transcurre siempre a la misma velocidad, es evidente para vosotros que no transcurre igual de rápido una hora disfrutando con vuestros amigos, que una hora esperando los resultados de una prueba médica, el tiempo es maleable y vuestra mente lo percibe a diferentes velocidades dependiendo de las emociones en las que esté enfocada, por tanto el tiempo es solo una percepción subjetiva ligada a vuestros estados emocionales y a vuestro nivel evolutivo. En la experiencia humana os resulta complejo entender la idea de la no existencia del tiempo, pero lo entendéis con mucha facilidad cuando vivís en los reinos espirituales y dejáis atrás vuestro cuerpo físico.

¿Recordáis alguna situación en la que os envolviera una sensación de paz inmensa y en la que experimentarais una especie de desconexión con vuestro entorno, como si no formarais parte de él? Los que habéis experimentado una situación similar a la descrita lo tendréis más fácil para entender lo que aquí os estoy diciendo, pues esa sensación de no formar parte del tiempo es la que vivís cuando dejáis atrás vuestro envoltorio físico y os eleváis a otra dimensión, donde el tiempo no tiene razón de ser.

Háblame de las vidas pasadas, ¿por qué no recordamos o nos cuesta recordar detalles de esas vidas anteriores?

Normalmente las personas no recuerdan nada de sus experiencias pasadas porque como almas decidís empezar de cero, sin la historia de vuestras vivencias anteriores para así poder realizar un verdadero aprendizaje que no esté condicionado por lo que ya experimentasteis con anterioridad.

El alma sabe que sería una gran carga viajar con toda la historia acumulada a lo largo de la eternidad, limitaría mucho vuestra experiencia en la Tierra y la vida en la Tierra es algo que muchas almas desean ya que supone un gran aprendizaje, pues en muy poco tiempo podéis tener muchísimas experiencias de todo tipo, la experiencia terrestre para el alma es como para un niño ir a una feria donde tiene la oportunidad de montarse en todas las atracciones, es algo que vuestra alma anhela y por ese anhelo decide correr un velo entre vuestras experiencias pasadas, para de esta manera no influir en las nuevas.

El gran aprendizaje en todas vuestras experiencias tiene que ver con vuestra capacidad de recordar que sois amor y vivir siéndolo, recordar que os hicieron sufrir o que hicisteis sufrir a alguien en otra vida condicionaría mucho la forma de percibir a esa persona y reaccionaríais con esa persona en base a las experiencias pasadas y en cada vida desempeñáis diferentes roles con la oportunidad de experimentar y os resultaría muy complicado por ejemplo la idea de convivir con un hijo que en otra experiencia fue tal vez vuestra pareja. No obstante, vuestra alma tiene acceso a esta información y según vais evolucionando, en muchas ocasiones, se os va facilitando parte de los recuerdos que están almacenados en vuestro interior, se os facilitan aquellos que estáis preparados para gestionar y que os pueden ayudar a sanar alguna herida que quedó abierta o que os puedan permitir concluir algún aprendizaje.

Cada experiencia es un regalo para vuestra alma y lo es porque tiene la oportunidad de experimentar sin los condicionamientos de experiencias pasadas.

Entonces, ¿la muerte no existe?

La muerte solo es un cambio de conciencia, vuestra alma, tal y como te he dicho antes, es imperecedera, solo vivís el final de las diferentes experiencias y esto es lo que percibís como muerte, pero algo que es infinito como lo sois vosotros nunca puede morir, solo cambia de estado o de dimensión.

La muerte es algo que os suele dar miedo, pero no es algo que temer, es algo que os da la oportunidad de saber mejor quienes sois, pues la vida es una experiencia que enmascara vuestra verdadera esencia, es un juego en el que jugáis disfrazados y en el que no os reconocéis más allá de ese disfraz, la muerte os permite quitaros el disfraz y ver la realidad que se esconde bajo la máscara.

El miedo que os produce la muerte tiene que ver con la culpa, de la que ya hablamos anteriormente, es el ego el que os manipula para que sintáis miedo a la muerte y es un miedo generado en el pensamiento, pues vuestra alma sabe bien que la muerte no existe, lo mejor que podéis hacer para disolver los miedos, incluidos el que sentís por la idea de morir es empezar a vivir vuestras vidas guiados por el corazón, siguiendo la guía del amor, pues el amor, como te he dicho varias veces, tiene la capacidad de sanarlo todo y de disolver todos los miedos por grandes que sean.

La muerte solo es una transición hacia otro estado de conciencia del ser, la muerte solo es una fase como la que pasa el gusano de seda cuando está dentro del capullo que le habrá de convertir en mariposa.

¿Cuándo jugáis a un juego de mesa, tenéis miedo de que se acabe la partida? Seguramente no, puede que os apetezca que la partida se alargue porque lo estáis pasando bien, pero no tenéis miedo a que llegue el final, pues sabéis que podréis empezar otra partida y volver a jugar nuevamente. La vida es como ese juego de mesa, hay un momento en que se acaba la partida, pero el juego sigue existiendo y vosotros también.

Cuando pases por esta página
CIERRA TUS OJOS E IMAGINA QUE VUELAS LIBREMENTE POR EL CIELO

22
LAS DIMENSIONES

Muchas veces cuando se habla de Seres de Luz como tú se hace referencia a que estáis en otra dimensión, ¿puedes hablarme de las dimensiones?

Las dimensiones son complicadas de entender desde la perspectiva humana, pues precisamente la experiencia humana consiste en experimentar la vida en un espacio y en un tiempo vinculados a las mínimas dimensiones posibles, es algo así como vivir una experiencia en la que tenéis grandes restricciones y donde se os oculta todo el potencial y el poder real que tenéis en busca de que lo vayáis descubriendo vosotros según vais despojándoos de todo aquello que no sois y que interfiere en que os percibáis en vuestra totalidad.

El ser humano es infinito como Dios y abarca todas las dimensiones existentes, que en realidad, aunque os parezca difícil de comprender, es una sola, una dimensión infinita.

La palabra dimensión tiene sentido en un intento de dividir en pequeños fragmentos una realidad, una realidad que debido a las limitaciones de vuestro cuerpo y vuestro cerebro, en esta experiencia que estáis viviendo, es difícil comprender para vuestra mente, pero vuestra alma lo comprende perfectamente, pues también es infinita.

Hablarte de dimensiones no es algo fácil, pues no hay una forma clara de explicarlo de un modo que sea comprensible para vosotros, pero es importante que sepáis que tenéis acceso a todas las dimensiones y que según vais redescubriendo y recordando lo que sois se activan en vosotros nuevos cuerpos o capas energéticas que os permiten interactuar en esas dimensiones, lo cual es una paradoja y puede parecer contradictorio, pues la suma de todas las dimensiones hace un total de una dimensión, una que es infinita como lo es vuestra alma y por tanto vosotros. Así que esos cuerpos energéticos de los que te hablo, en realidad podríamos decir que más que capas energéticas, a lo que hacen referencia simplemente es a una expansión de vuestra conciencia, que al evolucionar va liberándose de algunas de las limitaciones que os fueron impuestas para esta experiencia terrenal y os permite acceder a otras realidades o a una realidad más extensa de la que percibís habitualmente.

Según vais recuperando la conciencia de que sois amor, vais conectando cada vez más con la totalidad de Universo y lo hacéis porque es algo innato en vosotros y es vuestro estado natural.

Según se amplía esa conexión aparecen, y empezáis a desarrollar, lo que vosotros conocéis como dones espirituales, tales como la clarividencia o la telepatía, que no son otra cosa que una mayor conexión con la Totalidad, pues el amor interior del que empezáis a ser cada vez más conscientes, cuando evolucionáis, os armoniza y os permite conectar cada vez más y mejor con todo lo que os rodea, pues el amor es la energía que lo unifica todo y que hace que todo lo que parece separado, como por ejemplo las dimensiones, se perciba como un todo unificado, que es lo que verdaderamente es.

23
EL LENGUAJE DE LA LUZ Y LOS DONES ESPIRITUALES

¿Qué es el lenguaje de la luz?

El lenguaje de la luz es la forma de comunicación que utilizamos los Seres de Luz, aquellos que estamos compuestos únicamente por energía, nosotros no hablamos un idioma como vosotros, sino que transmitimos nuestros mensajes codificados en luz, de ahí que pueda hablar contigo en tu idioma y también con cualquier otra persona del planeta en su idioma, lo que ocurre es que con la información que os enviamos codificada en la luz vosotros la descodificáis y la traducís para convertirla en palabras y que de esta forma sea comprensible para vosotros. Nuestra forma de comunicación es mucho más sencilla, pues es un lenguaje universal que nos permite comunicarnos con la totalidad del Universo.

Vosotros también sois capaces de comunicaros con este lenguaje, pues también estáis compuestos de energía, aunque os habéis alejado mucho de esta forma de comunicación al satisfacer todas vuestras necesidades de comunicación con la tecnología que os rodea, que aunque en ocasiones puede ser muy útil también os desconecta de lo que sois. En realidad no necesitáis un teléfono para comunicaros entre vosotros pero eso casi os resulta imposible de creer y os habéis vuelto vagos y cómodos, aunque eso suponga perder gran parte de vuestro poder, todos podéis aprender a sumar, a restar y a multiplicar, pero ya no concebís la idea de hacerlo sin calculadora, eso mismo es lo que os ha ocurrido con los móviles y los correos electrónicos, sois como una gran empresa que decide empezar a externalizar sus servicios, eso es lo que habéis hecho, habéis empezado a obtener de fuera lo que podéis obtener de vuestro interior.

Todos tenéis la capacidad de decodificar el lenguaje de la luz, por tanto todos podéis conectar con nosotros y con la totalidad del Universo aunque os cueste creerlo y aunque algunos os quieran hacer creer que eso solo está al alcance de unos pocos elegidos. Tenéis que saber que todos fuisteis elegidos y que la capacidad de comunicarse con el lenguaje de la luz es un don que todos poseéis, pero nuevamente, como te he dicho en varias ocasiones, solo es posible a partir de ciertos niveles evolutivos, pues en los más básicos no solo no sería posible sino que la idea de poder realizar esto sería considerada una estupidez o una locura, por tanto no es que no pueda hacerlo todo el mundo, sino que aun pudiendo hacerlo, no todo el mundo está preparado para ello. Sin embargo cada vez sois más los que podéis descodificar el lenguaje de la luz y llevar nuestros mensajes a aquellos que todavía no se sienten capaces de hacerlo por ellos mismos.

¿Cómo descodificamos el lenguaje de la luz?

No hay una manera única, hay varias formas en que descodificáis el lenguaje de la luz y estas formas tienen que ver con los sentidos que más desarrollados tienen cada una de las personas que hacen de canal, las más conocidas son la clarividencia, la clariaudiencia, el clariconocimiento, la clarisensación y la sensibilidad olfativa, aunque también recibís mensajes de vuestros guías a través de los sueños y la sincronías.

En muchas ocasiones recibís la información en una mezcla de varias de esas formas, aunque normalmente una de ellas predomina en función del sentido que más desarrollado tiene la persona que hace de canal, las personas que son más visuales suelen recibir la información a través de la vista, las que son más auditivas lo hacen a través del oído, las que tiene más desarrollado el olfato lo hacen a través de la nariz y de los olores, y las personas que son más táctiles, que tienen más desarrolladas el sentido del tacto suelen descifrar los mensajes de sus guías con el don de la clarisensación, también es posible acceder a información a través del sentido del gusto, obteniendo información por los sabores, pero es quizá el don menos común, pues solo afecta a un mínimo porcentaje de la población mundial. En todos los casos a veces lo que se percibe son sensaciones, que podrían entonces encuadrarse en la cualidad de la clarisensación, pero la persona que recibe la información logra descifrar con mayor claridad la información convirtiéndola o descodificándola y transformándola en una imagen o en un sonido, de ahí lo que te decía antes de que muchas veces son varias las cualidades que se manifiestan aunque sea una la que predomina y se utilice esa para darle nombre al don.

¿Cómo se manifiestan cada uno de esos dones o cualidades?

Empezaremos por el más común y quizá también el más conocido que es el don de la clarividencia, este cualidad consiste en ver la información que se transmite con el lenguaje de la luz en imágenes, las imágenes pueden ser vistas con mucha nitidez, tal y como veis una foto o puede ser menos nítida pero acompañada de alguna sensación o información no visual que ayude a comprender lo que se está viendo, a veces la persona que está canalizando puede tener la sensación de ver imágenes en movimiento como si estuviera viendo una película, la clarividencia cuando está en los primeros estadios de desarrollo puede ser complicada de interpretar especialmente cuando las imágenes que se reciben son símbolos y no imágenes más concretas, con el tiempo la persona que desarrolla este don, poco a poco, logrará ir encontrando su propia forma de interpretar esos códigos o símbolos de la forma apropiada.

La clarividencia se puede dividir en dos vertientes, por un lado está la clarividencia interna, que incluiría aquellas visiones o imágenes que se perciben con los ojos cerrados y la clarividencia externa que hace referencia a aquellas imágenes que se perciben con los ojos abiertos y que solo pueden ver los ojos entrenados y las personas con este don.

Luego está la clariaudiencia, este don lo conoces tú bastante, pues es el que predomina en ti (se refiere a mí), se trata de una cualidad en la que oís en vuestra mente la información, aunque en realidad lo que ocurre es igual que en las otras formas de percibir, que recibís la información codificada en la luz y en la mente la descodificáis convirtiéndola en palabras, es algo así como una especie de voz interior que nace en vuestra mente, es vuestra propia voz pero habla de forma diferente a la que lo hacéis vosotros, utiliza un ritmo diferente, tal vez más lento o más rápido y en muchas ocasiones las palabras que oís en vuestra mente son también algo diferentes a la forma en la que habitualmente habláis. En esta forma de percibir la información suele predominar vuestra voz interior como traductora de la información, aunque algunas personas pueden oír voces diferentes a las suyas y en algunos casos determinados las personas que usualmente escuchan su propia voz también pueden escuchar otras, pero esto último es menos común.

Por otra parte está el clariconocimiento, al principio cuando se está desarrollando esta cualidad en vosotros os genera muchas dudas y os cuesta confiar en la información que recibís, pues es un don que se manifiesta de forma instantánea, es una cualidad que se experimenta sin apenas tener conciencia, ya que la información llega a vosotros y aparece de la nada, a diferencia de las otras cualidades, esta no viene acompañada del uso de vuestros sentidos, no veis nada, ni oís nada, aunque a veces si que viene acompañada de una ligera sensación de vértigo o de la experimentación de un *déjà vu*, que vendría a ser una sensación de familiaridad o de haber vivido o experimentado eso antes. Lo más característico de esta cualidad es que el acceso a la información es algo inmediato, no sabéis muy bien ni cómo ni por qué pero de pronto tenéis la información que habéis recibido, es algo así como si fuerais un ordenador que acaba de recibir una actualización del software y de repente tiene nueva información.

La clarisensación por su parte es una cualidad que viene acompañada de sensaciones corporales, tal vez estremecimientos o cosquilleos o incluso sensaciones de mareos o cualquier otra sensación corporal, normalmente suelen ser sensaciones ligeras o sutiles, pero en algunas ocasiones pueden ser algo más fuertes, suelen ser más fuertes cuando la persona se resiste a aceptar este don y le tiene miedo, pues la resistencia suele desembocar en sufrimiento.

En la clarisensación ocurre como en las demás cualidades, en este caso es el cuerpo el que recibe la información y luego la persona que hace de canal descodifica la información que ha quedado impregnada en el cuerpo. La clarisensación también se puede ver activada cuando tocáis alguna cosa, algún objeto, pues al entrar en contacto con su campo energético tenéis acceso a la información que hay grabada en su interior.

Tanto la sensibilidad olfativa como la gustativa son las dos menos comunes, pero no por ello ofrecen menos información a las personas que están dotadas con estas cualidades, en estos casos la información la perciben a través de los olores o los sabores respectivamente, en el caso de la sensibilidad olfativa la persona con ese don puede percibir olores agradables, normalmente de flores, cuando están en presencia de Seres de Luz y a través del olor pueden también recibir información que va más allá del simple hecho de confirmar la presencia de un Ser de Luz, de la misma forma que pueden percibir olores agradables, también pueden percibir olores desagradables cuando están en presencia de personas con enfermedades graves o cuando están en lugares con energías densas.

En el caso de la sensibilidad gustativa la forma de acceder a la información es a través del gusto y de los sabores, cosa que puede manifestarse de dos formas diferentes, algunas veces la información puede llegar cuando la persona está comiendo algo y en otras ocasiones también puede activarse algún sabor concreto en la lengua aunque no estén ingiriendo ningún alimento. Como con las otras cualidades al principio cuando empieza a manifestarse puede ser difícil entender lo que se está percibiendo, es el tiempo y el propio proceso interno de la persona el que le irá llevando a descubrir sus propios códigos para interpretar la información que está recibiendo.

En cuanto a los sueños y las sincronías te propongo que le dediquemos otro apartado, pero te adelanto, que en realidad, son variantes o formas de recibir información que se basan en las cualidades anteriores.

Antes de hablar de los sueños y de las sincronías, ¿puedes hablarme de la escritura automática?

Aunque podríamos haber incluido la escritura automática entre los dones con los que podéis descodificar el lenguaje de la luz, en realidad, tal y como les ocurre a los sueños y a las sincronías, la escritura automática es una forma de manifestar alguna de las otras cualidades de las que hemos hablado antes, pues la escritura automática da forma al mensaje poniéndolo por escrito y en palabras, pero al margen de todo esto la persona que hace de canal recibe la información por una de las vías que antes hemos mencionado, ya sea a través de la clarividencia, la clariaudiencia, el clariconocimiento, la clarisensación o la sensibilidad olfativa o gustativa, lo que lo diferencia de ellas es que la persona escribe el mensaje y en muchos casos no tiene conciencia de lo que ha escrito hasta después de acabar de escribirlo y leerlo, pues este tipo de escritura acostumbra a estar acompañado de un trance, que puede ser más ligero o más profundo, dependiendo del estado de conciencia en el que permanezca la persona durante el proceso, pero en definitiva la información la recibe por uno o varios sentidos como ocurre con los otros dones.

24
LOS SUEÑOS Y LAS SINCRONÍAS

Dices que a través de los sueños podemos recibir información de nuestros guías, ¿puedes hablarme de ello?

Los sueños son estados alterados de conciencia donde muchas de las barreras que aprisionan vuestra mente en los estados de vigilia desaparecen o se debilitan y es por ese motivo que es fácil que vuestros guías utilicen esos momentos para tratar de comunicarse con vosotros.

Los sueños son la vía de comunicación más sencilla para aquellas personas que son muy mentales o muy rígidas de pensamiento, pues esa rigidez impide que los guías se comuniquen con ellos durante las horas de vigilia.

En los sueños podéis acceder a otras dimensiones y eso os sitúa en un lugar más cercano a vuestros guías, que aprovechan para comunicarse con vosotros a través de los sueños, pero como pasa con las otras formas de recibir información, se necesita de cierto tiempo y empeño para poco a poco ir logrando entender y descifrar el simbolismo y los códigos personales con los que vuestros guías os hacen llegar la información.

Lo mejor para poder aprovechar la información que os ofrecen vuestros sueños es escribiendo un diario de sueños, pues como ya sabéis los sueños tal y como vienen se van y se olvidan con mucha facilidad, por ese motivo conviene que los apuntéis nada más recordarlos y aunque os de pereza el mejor momento de hacerlo es cuando os despertáis, aunque sea de madrugada, y tenéis fresco el recuerdo, pues si lo dejáis para la mañana, para el momento de levantaros e iniciar el día, el sueño se habrá esfumado como por arte de magia.

Tener en vuestro dormitorio libreta y bolígrafo o los más tecnológicos una grabadora puede ayudaros a vencer la pereza y escribir o grabar la información cuando llega, para más adelante poder analizarla y tratar de descifrarla.

Gracias a escribir un diario de sueños podéis poco a poco descubrir patrones que se repiten o símbolos que aparecen a menudo en vuestros sueños y esto os irá permitiendo ir interpretando lo que los sueños y los guías os quieren decir. Lo ideal es que interpretéis los sueños por vosotros mismos, pues aunque hay símbolos que pueden considerarse universales y tener más o menos un significado común para casi todas las personas, lo cierto es que un mismo símbolo no tiene el mismo significado para todo el mundo, pues no significará lo mismo soñar con la playa para alguien que le guste mucho bañarse y nadar entre las olas que para alguien que tenga miedo al mar, por tanto lo más adecuado es que seáis vosotros mismos los que tratéis de averiguar o sentir qué significado tiene cada cosa para vosotros en vuestros sueños.

Dices que las sincronías serían otra forma que utilizan nuestros guías para comunicarse con nosotros, ¿puedes explicarme en qué consiste?

Las sincronías es lo que comúnmente conocéis como coincidencias, aunque son algo más que simples casualidades, son hechos que ocurren de forma simultánea y que aparentemente no tienen relación alguna o no pueden justificarse mediante la ley de causa o efecto, pero a pesar de ello pueden esconder informaciones muy variadas, que pueden ir desde pequeñas sincronías a modo de guiño hacia vosotros por parte de vuestros guías o pueden ofreceros información vital para la toma de decisiones importantes en vuestra vida.

Las sincronías en muchas ocasiones pasan desapercibidas para la mayoría de las personas, pues al igual que algunas ideas de las que hemos hablado anteriormente, para poder percibirlas no solo tenéis que estar atentos, manteniendo una atención relajada, es decir, sin obsesionaros, si no que además se necesita cierto nivel evolutivo para poder ser conscientes de ellas.

Las sincronías son formas en las que el Universo y vuestros guías se comunican con vosotros, pero es vuestra sabiduría interior

la que, una vez sois conscientes de la sincronía, le da sentido.
    Para que se acabe de entender el concepto de sincronía lo mejor es poner algunos ejemplos, una sincronía podría ser el hecho de que alguien esté pensando en irse a vivir al extranjero, a Australia por ejemplo, pero no tenga muy clara la decisión que va a tomar, pues también ha estado pensando en irse a India y justo cuando está pensando sobre el tema y en que tiene que decidirse ya, al encender el televisor están dando un programa de viajes en el que el presentador habla de las ventajas de vivir en Australia.
    Otra sincronía podría ser que alguien esté dudando entre comprarse un coche o una moto y que mientras pasea con el perro por el parque se cruza con una pareja de novios que van hablando y sin poder evitarlo escucha que el novio le dice a su pareja: «Al final me he decidido y voy a comprarme el coche, mañana voy a ir a dar la paga y señal para reservarlo», frase que le puede estar ofreciendo la respuesta que estaba buscando y que le llega en un momento de despreocupación mientras pasea al perro.
    Los momentos en los que se trastoca algún plan son momentos muy interesantes para estar pendientes de posibles sincronías, ya que si el Universo ha cancelado o pospuesto alguna cosa que teníais en marcha es posible que haya alguna información para vosotros o alguna situación sincrónica de la que debáis formar parte, pues no siempre os veis envueltos en sincronías destinadas a vosotros, a veces sois actores que formáis parte de las sincronías que van dirigidas a otras personas y formáis, sin ser conscientes, de un entramado invisible que os pone en marcha, tal vez para ayudar a otra persona o para hacerle llegar un mensaje, así que la próxima vez que se cancelen alguno de vuestros planes en vez quejaros u optar por sufrir, sonreíd y pensad que tal vez sois necesarios para llevar algún mensaje a alguien que lo necesita en ese momento de su vida.
    Las sincronías pueden venir a través de personas, de la radio, de la televisión, de carteles, de libros y de cualquier otra forma que se les ocurra a vuestros guías, pero para poder ser conscientes de ellas hay que encontrar un equilibrio entre estar pendiente de ellas y estar relajado, pues si os obsesionáis con buscarlas lo que ocurre es que aunque aparezcan no seréis conscientes de ellas y os puede pasar que creáis que todos los mensajes que os llegan son mensajes de vuestros guías y es importante recordar que una sincronía es algo que aparece delante vuestro como algo fortuito, como una

casualidad, por tanto es algo que aparece cuando menos lo esperáis, cuando estáis ensimismados o absortos en alguna actividad y no cuando vais buscando la respuesta a vuestras preguntas o vuestras dudas.

25
EL CONTROL Y LA ZONA DE CONFORT

¿Es tiempo de fluir o de controlar?

Es tiempo de fluir y dejar de controlar, el control es algo que surge del miedo y fluir es una actitud que surge de la confianza en el Universo, la mayoría de las personas están constantemente controlando, intentan a toda costa que las cosas salgan tal y como ellos quieren, ejercen presión y se esfuerzan para poder controlar la situación o las circunstancias de todo lo que hacen, pues se sienten inseguros si algo se escapa de su control.

Si queréis superar vuestros miedos tenéis que dejar de querer controlarlo todo y empezar a fluir, pero tenéis que entender que fluir no significa no hacer nada y no fijarse objetivos, fluir significa ser flexibles y permitir que las cosas salgan de manera diferente a como lo teníais planificado o incluso que las cosas no salgan y el Universo os proporcione otro resultado diferente.

Podéis pensar y planificar, podéis marcaros objetivos, pero tenéis que tratar de no aferraros a ellos, pues al hacerlo en muchas ocasiones impedís que el Universo os entregue algo mejor de lo que vosotros esperabais, la mayoría de las veces no sabéis qué es lo que queréis o qué es lo que os haría felices pero vuestra alma sí que lo sabe y ella tiene capacidad de orquestar opciones diferentes y más armónicas comparadas con las opciones que os presenta vuestra mente y vuestra razón.

Tenéis que salir al mundo y poneros en acción, tenéis que crear las oportunidades que queréis consolidar en vuestras vidas, pero permitiéndoos, a la vez, ser lo suficientemente flexibles como para cambiar de rumbo cuando sea necesario y cuando así os lo dicte vuestro corazón.

Sé que fluir no es una tarea que os resulte especialmente fácil, sobre todo a las personas que sois muy mentales, porque fluir significa dejar de escuchar a la mente y poner más atención en escuchar al corazón. El control es una conducta que nace en vuestra mente y la actitud de fluir nace en vuestro corazón.

Tenéis que aprender de la naturaleza que os ofrece grandes enseñanzas que a menudo ignoráis, basta que observéis el curso de un río para aprender el sentido de la palabra fluir, el agua del río a lo largo de su camino se va encontrando con obstáculos, como pueden ser piedras o ramas, pero en ningún caso se para a quejarse o se siente frustrada porque las cosas se escapen de su control, simplemente encuentra la forma de seguir adelante dejando a un lado el obstáculo y evitando que este detenga su avance.

Si fuerais agua y encararais los dificultades de la forma en la que las abordáis los humanos os acabaríais evaporando antes de sortear los obstáculos. Dedicáis más tiempo en quejaros y en preocuparos por las dificultades que os encontráis en el camino que en tratar de idear fórmulas creativas de seguir avanzando y creciendo ante cada reto que encontráis en el camino y eso, tanto si sois conscientes de ello como si no, os desgasta a todos los niveles, a nivel físico, a nivel mental y a nivel emocional, pero especialmente a nivel energético y si vuestra energía flaquea también flaquea vuestra capacidad para crear y para convertiros en las personas que estabais predestinadas a ser, personas con un gran potencial para trascender su propio destino.

¿Puedes hablarme de la zona de confort?

Al igual que en el control, el hecho de manteneros en vuestra zona de confort es algo que surge del miedo, pero curiosamente todas aquellas cosas que anheláis se encuentran fuera de vuestra zona de confort, pues si se encontraran dentro de esa zona ya las tendríais.

La mayoría de las veces os dejáis arrastrar por el miedo que os da salir al mundo a hacer cosas nuevas, cosas sobre las que no tenéis el control y eso os limita y os mantiene atados a una historia que se repite una y otra vez sin posibilidad de variación.

Si queréis que vuestra vida sea diferente, tenéis que atreveros a hacer cosas diferentes, tenéis que salir de lo conocido y aventuraros en lo desconocido, pues al atreveros a ir más lejos de aquello a lo que estáis acostumbrados estáis dando un paso hacia nuevas experiencias y nuevos aprendizajes y es la mejor forma de crecer como personas y evolucionar, pues cuando os enfrentáis a vuestros miedos y os liberáis de ellos estáis más cerca de vuestra verdadera identidad, una identidad libre del miedo.

Tenéis que ser capaces de superar el miedo al ridículo, al qué dirán, tenéis que ser menos exigentes con vosotros mismos y aceptar que hacer algo nuevo o salir de vuestra zona de seguridad supone afrontar nuevos retos y aprender, no tenéis que saber hacerlo todo a la primera, el aprendizaje supone cometer errores y ser capaces de resolverlos, de ir más allá de ellos.

Salir de vuestra zona de confort supone un reencuentro con vuestro valor, con vuestra valentía personal, supone atreverse a fluir y dejar de controlar, tal y como comentábamos antes.

Cuando os mantenéis en vuestra zona de confort os estáis resignando a vivir presos en una cárcel creada por vosotros mismos, una prisión cuyos barrotes son vuestros pensamientos.

Salir de ahí no es algo que os resulte fácil, pues no estáis acostumbrados a hacerlo, pero podéis iniciar el trámite dando pequeños pasos que con el tiempo supondrán grandes avances, atreveros a hacer algo nuevo, tal vez leer un libro de algún tema que no hubierais leído normalmente o apuntaros a una clase de baile o de pintura de esas que siempre habíais querido hacer pero nunca os habíais atrevido por miedo, apuntaros aunque no sepáis hacer ninguna de las dos cosas, apuntaros especialmente porque no sabéis hacer ninguna de esas cosas y queréis aprender, lo importante es atreverse a experimentar, pero mucho mejor si elegís experimentar diferentes opciones o cosas que os acerquen a algo que deseéis, tampoco se trata de experimentar cosas porque sí, sino más bien de lo que se trata es de incluir en vuestra vida cosas que os hagan felices, que os hagan vibrar y para las que siempre hayáis tenido preparada la excusa perfecta para no hacer.

Cuando pases por esta página
TOMA LA DECISIÓN DE ATREVERTE A HACER ALGO QUE SIEMPRE HAS QUERIDO Y NO HAS HECHO HASTA AHORA

26
LA SALUD Y LA ENFERMEDAD

¿Por qué nos enfermamos?

Los problema de salud aparecen cuando perdéis la conexión con vuestra alma, con vuestro verdadero yo. La salud se resiente cuando negáis vuestros dones y vuestra verdad primordial que es que sois amor, cada vez que actuáis desde un actitud enfrentada al amor os estáis traicionando a vosotros mismos y alejándoos de vuestra esencia, eso poco a poco va minando vuestra salud que se va quebrando lentamente. El amor que sois os pide que actuéis en coherencia con esa verdad y cada vez que transgredís con vuestro comportamiento esa regla, la de ser y actuar desde el amor, os vais marchitando gradualmente como una flor que tras ser arrancada de la tierra va perdiendo su color y su olor hasta convertirse en un recuerdo distorsionado de lo que fue.

Cuando una persona elige consciente o inconscientemente renunciar a sus dones y a sus talentos está atentando contra el amor del Universo, que fue quién le dotó con este regalo para compartirlo con los demás y embellecer, con ello, el mundo.

La salud es un estado de coherencia y conexión con el corazón y el alma, cuanto más conectados estáis con ellos mejor es vuestra salud, tenéis que aprender a escucharos a vosotros mismos, para ello hay que acallar al ego, esa parte de la mente que cree que lo sabe todo y nunca se aproxima ni de lejos al verdadero origen de vuestros males.

Es el corazón el que tiene las claves de lo que os ocurre y es él el que os puede guiar a la sanación, esto no significa renunciar a las terapias o a los tratamientos médicos, significa solamente permitir que sea el corazón el que guíe vuestros pasos en busca de la mejor opción para cada uno de vosotros para restablecer la salud.

Recuperar la salud total no siempre es posible, pues en muchas ocasiones sois vosotros los que como almas elegisteis vivir una experiencia de enfermedad, ya sea para realizar algún aprendizaje que tenías pendiente o para lograr algún tipo de comprensión que teníais necesidad de experimentar, pero lo que si podéis restablecer es la paz interior para ser capaces de vivir vuestra enfermedad desde la armonía y la aceptación que eligió vuestro ser antes de nacer.

¿Tiene algo que ver la enfermedad con la repetición de patrones?

La repetición de patrones siempre se debe a aprendizajes que han quedado pendientes y no se han realizado, cuando en una familia hay alguna persona que no aprende alguna de las lecciones que vino a aprender y que pactó como alma, le toca venir a alguien de una nueva generación a continuar con ese aprendizaje y así liberar a su antepasado de esa carga.

Según avanzan las generaciones si se van liberando las cargas de los ancestros, es decir, si se van retomando los aprendizajes pendientes y se van realizando, las siguientes generaciones vienen con mayor libertad de actuación y sus vidas resultan ligeramente más sencillas y realizar sus misiones de vida suele ser algo más fácil para ellos, pues no arrastran con los aprendizajes fallidos de su clan familiar y pueden concentrarse en realizar los suyos propios.

Cuanto más tiempo se tarda en realizar algún aprendizaje, más se repiten los patrones y comportamientos en las siguientes generaciones, pues el árbol genealógico tiene necesidad de sanar y seguir evolucionando, por tanto trata por todos los medios a su alcance de que alguien realice los aprendizajes pendientes, pues con cada generación cuestan más hacerlos ya que cada alma no solo arrastra parte de los aprendizajes pendientes de su clan si no que tiene los suyos propios, lo que deriva en ocasiones en que alguno de los miembros más jóvenes de la familia puedan llegar a colapsarse y enfermarse gravemente pues les resulta muy difícil conectar con su propia alma, ya que inconscientemente sienten en su interior las voces de sus muertos pidiéndoles que realicen por ellos los aprendizajes que no fueron capaces de hacer.

En algunas ocasiones el enredo es tal que la misma alma que se ofrece voluntaria para nacer y sanar al árbol genealógico elige transmutar los bloqueos de sus ancestros naciendo directamente con alguna enfermedad grave, que le permite liberar a sus familiares de todos los aprendizajes que no fueron capaces de consumar con amor y dan una oportunidad a los familiares que están vivos de aportar grandes dosis de amor y compasión dirigido a ellos y que permite sanar al clan. Esto ocurre porque siempre y al final de cualquier aprendizaje es el amor el que disuelve cualquier bloqueo o cualquier patrón y al incrementar la dosis de amor que aportan entre todos los familiares se consigue una dosis de amor que crece exponencialmente y que permite liberar a los ancestros de las cadenas que les atan al miedo y a la culpa, devolviéndoles el recuerdo de la paz y el amor que son y siempre han sido.

Cuando alguien sufre una enfermedad grave solo es una gran acto de amor dirigido a sus familiares y ancestros, pues les ofrece una oportunidad de amar que tal vez de otra manera no hubieran sido capaces de experimentar, aunque, evidentemente, no todo el mundo lo comprende y aprovecha esa oportunidad para hacer crecer la semilla del amor incondicional que está plantada en cada uno de vuestros corazones. Aquellos que no aprovechan esa oportunidad solo alargan su propio sufrimiento y retrasan lo inevitable que es, tarde o temprano, volver a ser conscientes de que solo el amor es la verdadera y única opción que permite ser feliz y estar en paz.

Cuando pases por esta página
TENSA TODO TU CUERPO Y LUEGO
DESTÉNSALO

27
EL BIEN Y EL MAL

Háblame del bien y del mal.

El bien y el mal son polos opuestos de la misma cosa, es como la luz y la oscuridad, la oscuridad solo es la luz a su más bajo nivel de intensidad.

La luz y la oscuridad son piezas de esa dualidad que forma parte de esta experiencia que estáis vivenciando, tenéis que aprender a unificar e integrar esa dualidad, son dos caras de una misma moneda, son dos energías opuestas que tienen que encontrar su equilibrio, el equilibrio que supone la neutralidad de ambas energías.

Cuando cogéis una moneda y la colocáis de canto para que se quede de pie, si la miráis justo desde arriba solo apreciaréis el grosor de la misma, pero dejáis de contemplar la cara y la cruz de la moneda, ese es un buen ejemplo de lo que tenéis que hacer para integrar el bien y el mal, la luz y la oscuridad, solo tenéis que observar las cosas de otra manera, una manera en la que no haya juicio, en la que no permitáis que vuestra mente entre en guerra y opine que algo está bien o está mal, que algo es bueno o que algo es malo, porque justo en ese momento perdéis la neutralidad que os permitiría iluminaros y estar por encima del bien y del mal.

La dualidad es un estado en el que aún tenéis juicios, cuando dejáis de tenerlos y no os posicionáis ni hacia un lado ni hacia el otro, obtenéis la recompensa de la paz interior y empezáis a entender que no hay ni bien ni mal, ni buenos ni malos, solo hay dos maneras diferente de aprender, pero incluso esas dos maneras al final acabarán en el mismo sitio.

Esas dos maneras de aprender son elecciones que están a vuestra disposición, por un lado podéis elegir aprender desde la polaridad positiva, esto es eligiendo la luz como maestra para que os guíe de vuelta al amor y de regreso a la Conciencia de Totalidad o Dios, pero también podéis elegir aprender desde la polaridad negativa eligiendo como maestra a la oscuridad, lo cual es totalmente lícito y todos en algún momento de vuestra existencia lo habéis hecho, este aprendizaje se realiza alejándose de Dios y del amor, es otra forma de aprender, las almas que eligen esta forma de aprendizaje tarde o temprano acaban encontrando el camino de vuelta a la Conciencia de Totalidad, pues aunque se os de la opción de elegir nunca podéis renunciar a lo que sois y como ya te he dicho a lo largo de muchas de las respuestas sois amor y eso no lo podéis cambiar, pero si lo podéis negar para experimentar y para aprender viviendo la experiencia de la separación, del miedo, del odio, del dolor y de la oscuridad.

El camino hasta vuestra iluminación y hasta el retorno a Dios pasa por aprender a aceptar la oscuridad o la sombra que hay en cada uno de vosotros, no se puede avanzar en el camino negando esa parte, pues aunque os parezca que avanzáis solo es una ilusión que os hace creer que estáis progresando, pero no podéis progresar si negáis partes de vosotros mismos.

La oscuridad que habita en vuestro interior solo es una forma de almacenar vuestros miedos, cuando os liberáis de todos y cada uno de ellos, podéis ser luz y caminar en la luz, aquellos que se liberan de sus miedos solo pueden brillar y se convierten en focos que alumbran la oscuridad de otros permitiéndoles tomar conciencia de ella. No tenéis que ver esto como una guerra entre dos enemigos, tenéis que aprender a adentraros en vuestros miedos con amor, pues los miedos solo os están dando la oportunidad de evolucionar cuando sois capaces de trascenderlos y eso solo puede hacerse sin resistencia, observando, aceptado y amando lo que se observa.

Vuestra experiencia en la Tierra es solo un juego y el miedo y la oscuridad son solo mecanismos que aceleran la partida y os incitan a que os pongáis a jugar sin demora para que evolucionéis, pues el objetivo siempre es evolucionar y podéis hacerlo con ayuda de la luz, como la que os pueden proporcionar vuestros guías, como la que os puedo proporcionar yo mismo, o podéis hacerlo porque el miedo o la oscuridad os golpea para que si no evolucionáis por las buenas, no tengáis otro remedio que hacerlo por las malas.

Los guías y los Seres de Luz somos los que os animamos para que elijáis evolucionar siguiendo el camino de la luz y el amor. Los seres de bajo astral o de baja vibración son los que os ayudan a evolucionar a base de golpes y patadas, si no os movéis por las buenas os movéis por las malas, al fin y al cabo tanto la luz como la oscuridad son parte indisoluble de la experiencia dual que estáis vivenciando.

Cuando pases por esta página
PERDONA A ALGUIEN Y DEJA IR EL RENCOR

28
EL PERDÓN

¿Para qué sirve el perdón y qué tenemos que perdonar?

El perdón es algo que utilizáis, pero lo hacéis de forma incorrecta, porque tenéis la idea de que tenéis alguien a quien perdonar a parte de a vosotros mismos.

Estáis acostumbrados a utilizar el perdón dirigido hacia otras personas, las perdonáis cuando hacen algo que os parece incorrecto, lo que significa que primero las juzgáis y las condenáis y luego en un acto de generosidad las perdonáis, pero ese no es el verdadero perdón, es solo una ilusión, pues para perdonar a los demás os ponéis en una posición de superioridad moral y esa es la forma en que trata de perdonar el ego, pero el verdadero perdón solo puede nacer del corazón, solo se puede perdonar cuando el perdón está alineado con un sentimiento de unidad, cuando el perdón está apoyando la idea de que todos somos uno.

Es importante entender que cuando utilizáis el verdadero perdón realmente no perdonáis a las otras personas sino que perdonáis a la parte que hay en vosotros que ve algo que perdonar en los demás, pues lo único que hay que perdonar es el juicio que vosotros emitís y que convierte a la otra persona en alguien inferior a vosotros mismos.

Se que esto os puede parecer muy confuso y lo es sobre todo porque lo interpretáis desde la razón con vuestra mente, pero si tratáis por un instante de entenderlo con el corazón veréis que a un nivel profundo vuestra alma os indica que tiene sentido y resonáis con esa verdad.

El verdadero perdón no trata sobre perdonar a nadie, pues eso equivaldría a haber hecho un juicio, equivaldría a que os habéis posicionado del lado del bien en contra del lado del mal y ya hemos hablado que el bien y el mal solo son dos caras de la misma moneda y por tanto si atacáis a una de las dos caras de una moneda en realidad estáis atacando a toda la moneda y eso es lo que hacéis cuando os posicionáis y atacáis a los que consideráis como los malos, que en realidad estáis atacando a los dos bandos pues, igual que las dos caras de la moneda, forman parte de una misma cosa indisoluble.

Se trata, por tanto, más que de perdonar a nadie, de perdonaros a vosotros mismos por juzgar y por elegir un bando, el verdadero perdón consiste en perdonaros a vosotros mismos por la percepción que tenéis de la persona o de la situación que hace que nazca en vuestro interior la falsa necesidad de creer que tenéis que elegir un bando o el otro. Tenéis que perdonaros a vosotros por creer que vosotros sois los buenos y los otros son los malos, ese es el verdadero perdón, ese es el perdón que os devuelve el equilibrio y la paz interior, esa forma de perdonar es la que os otorga la neutralidad en la que no hay buenos ni malos, en la que solo hay unidad experimentándose en la individualidad, pero con la conciencia de que esa individualidad solo es una ficción que realmente no está separando nada, sino que solo está permitiendo experimentar y evolucionar.

CONFIDENCIAS DE UN HUMANO

Desnudar el alma es mucho más difícil que desnudar el cuerpo, porque nos da miedo aceptar quienes somos y enseñárselo a los demás, mas el alma no tiene nada que esconder cuando somos capaces de disolver el miedo.

29
CAMBIO DE ROLES

La estrategia de Metatrón

Los Seres de Luz acostumbran a tener más sentido del humor de lo que la gente suele pensar, durante muchos siglos, al menos en occidente, hemos asumido y aceptado la idea de que la espiritualidad es algo serio, algo que suele estar conectado con el sufrimiento, con la culpa y con la necesidad de expiar nuestros pecados, pero lo cierto es que la espiritualidad nada tiene que ver con eso, la verdadera espiritualidad tiene que ver con la alegría, con la felicidad, con el amor y con la paz interior, Metatrón es un Arcángel que de buenas a primeras impone respeto, pues su energía es muy contundente, su presencia se nota a distancia y eso puede dar lugar a creer que su esencia refleja seriedad, pero lo verdad es que aunque es serio cuando toca, no deja de ser un ser luminoso que de vez en cuando quiere jugar y divertirse, tal vez para demostrarnos que tenemos que tomarnos menos en serio a nosotros mismos.

Cuando pienso en Metatrón pienso en su fuerza, en esa energía arrolladora que lo envuelve y en su capacidad para compenetrarse con la persona a la que se dirige, no puedo dar fe de la forma en que se relaciona con otros canales, pues supongo que tal y como nos pasa a las personas, en cada relación mostramos facetas diferentes, pues cambia aquello que reflejamos de la otra persona, pero soy testigo de que conmigo, a través de estas conversaciones la complicidad ha ido en aumento y la relación que mantengo con él, que ya de por sí era agradable antes de colaborar para este libro, ahora es realmente fluida y es como estar acompañado por un amigo que aparece al instante cuando lo necesitas.

Según iban pasando los días desde que inicié el proceso de escribir este libro, las charlas entre Metatrón y yo se iban haciendo cada vez más fluidas, muchas de las preguntas que le hice no aparecen en este libro, porque en nuestras conversaciones también traté algunas de las cosas que me preocupaban o que tenían que ver con mi propio plan del alma o con mi misión en la vida, así que decidí descartar ese material, no porque fuera muy personal, sino porque la información contenida era específica para mí y no sería especialmente útil para los demás.

Pero cuando yo pensaba que ya estaba todo controlado y que ya le había preguntado a Metatrón todo lo que se me había ocurrido, fue él mismo quién me sugirió cambiar los roles, lo cual demuestra que querer controlar no sirve para nada y mucho menos en presencia de un Arcángel, así que a partir de ese momento fue él quien preguntaba y yo quien contestaba a sus preguntas, lo cual al principio me pareció un poco absurdo y creí que era una artimaña de mi ego, como así le hice saber a Metatrón, pero el Arcángel pronto me dejó claro que mi ego no tenía nada que ver con este asunto, como así también me dejó claras sus intenciones, que estoy seguro vas a entender en breve, pues él mismo lo explica en alguna de las preguntas que me hizo. Así que ahora es Metatrón quien pregunta y yo quien trato de responder.

30
MIS CONFIDENCIAS

¿Por qué no tiene sentido que los humanos compitáis entre vosotros?

Bueno, creo que esa pregunta sería mejor que te la hiciera yo a ti...

Santos, no te hagas de rogar y contesta, que sé que tienes una respuesta interesante.
Bueno, creo que el motivo por el que no tiene ningún sentido que compitamos entre nosotros es porque cada persona es especial y única, cuando una persona intenta competir con otra es que no está entendiendo que es única y que no tiene que competir con nadie para seguir siéndolo, sino que tiene que limitarse a ser ella misma, pues si se permite ser lo que es, nadie puede igualarla, ni ser mejor que ella.

Cuando intentamos competir con otras personas siempre tenemos las de perder, pues al competir con alguien nos estamos comparando con esa otra persona y estamos intentando ser como ella, con lo cual perdemos lo que nos diferencia y nos hace únicos y por tanto solo podemos aspirar a ser una copia, aunque sea muy buena, de la otra persona y una copia, por muy buena que sea, siempre es una copia.

Entendemos que no tenemos necesidad de competir cuando nos damos cuenta de que somos únicos y que eso precisamente es lo que nos hace especiales, pero para ello tenemos que aprender a ser nosotros mismos y no imitaciones de otras personas, por tanto aunque podemos aprender de otras personas y es sano que lo hagamos, tenemos que encontrar nuestra propia autenticidad, nuestro propio estilo y eso solo lo podemos hacer si somos fieles a nosotros mismos, a lo que somos, a nuestra esencia.

Buena respuesta, es muy parecida a la que yo mismo te hubiera dado.
Eso es porque pasas tanto tiempo en mi cabeza que ya pienso casi como tú.

En realidad no estoy en tu cabeza, aunque me percibes en un gran porcentaje en esa parte de tu cuerpo. Soy energía, por tanto estoy más a tu alrededor que dentro de tu cabeza, lo que ocurre es que tu cabeza se convierte en una especie de aparato descodificador que te permite interpretar lo que yo te transmito en el lenguaje de la luz, del que ya antes hablamos.
O sea que soy como un aparato de tdt que sintoniza canales como los de la televisión, pero aún mejor, pues no tengo que aguantar la publicidad ni pagar una cuota.

Bueno, no te alegres tanto, que tu cabeza, la mayoría de las veces no es mucho mejor que la televisión que veis, pues tu publicidad interna está compuesta por todos esos *anuncios* que te haces a ti mismo con tus pensamientos y programaciones negativas, con todo ese monólogo interior que te machaca una y otra vez y que siempre trata de minar tu autoestima, así que aunque no pagues una cuota como si estuvieras suscrito a un canal de pago, el precio que pagas a veces puede ser muy alto.
Vaya, pues he ido a elegir la peor comparación posible.

No, en realidad has hecho una buena comparación, pues al poner ese ejemplo me has permitido ayudarte a entender un poco mejor el funcionamiento de tu mente y la de la mayoría de los humanos. Sé que esta parte del libro no te hace tanta gracia como la primera en la que tú me preguntas y yo te contesto, no te preocupes, esta parte será más breve, pero como puedes ver utilizo tus respuestas y comentarios para ofrecerte una mayor visión y llegar a sitios donde no hubiéramos llegado solo con las preguntas que se te han

ocurrido formularme, por tanto las preguntas que yo te formulo solo son una excusa para hacerte reflexionar a ti y a quien lea el libro.

Entonces me estás diciendo que como no he sabido aprovechar al máximo las preguntas que te he hecho por ser poco creativo, tienes que venir tú a arreglarlo preguntándome a mí.

Sabes que en este instante me estoy riendo, ¿verdad?, pues con esa respuesta solo confirmas eso mismo que acabo de decirte antes. Para los seres humanos siempre es más fácil ponerse en lo peor que en lo mejor y tú has dejado que tu monólogo interior se tome lo que te he dicho como un insulto a tu creatividad, los humanos tenéis tendencia a ver ataques donde no los hay, harías mejor en tomarte esto cómo una ofrenda de mi parte para llegar un poco más lejos y ayudarte a ti y a quien lea esto a expandir su mente. No pretendía insultarte, ya lo sabes, solo pretendo que seas consciente que debido a tu cuerpo físico y tu cerebro tienes ciertas limitaciones que yo no tengo, limitaciones que en realidad tú tampoco tienes, aunque debido a tu experiencia terrenal crees que sí, pues te identificas excesivamente con tu cuerpo, olvidándote que eres mucho más, eso hace que se te ocurran algunas preguntas y que otras muchas ni te las hayas planteado. Si te inspiré para que cambiáramos de papel y fueras tú el entrevistado es simplemente para poder usar tus respuestas para llegar un poco más lejos.

Te entiendo y estoy de acuerdo en lo que dices, es cierto que tenemos una maestría para ver con más facilidad lo negativo que lo positivo, al menos la mayoría de las personas. Ahora veo la importancia de cambiar los roles.

Sí, cambiar de rol, te hace entender mejor a las personas con las que te relacionas, no se trata de tener más empatía, pues la empatía si no estáis en equilibrio y vuestra autoestima no es sana, os puede llevar a sufrir en exceso y convertir el dolor de los demás en un dolor propio, de lo que se trata es de juzgar menos a los demás, pues si sois capaces de poneros, aunque sea un instante, en el puesto de ellos, os daréis cuenta de que los juicios surgen del desconocimiento, de la falta de información, de la ignorancia.

Es cierto, he discutido muchas veces con algunos amigos terapeutas sobre el tema de la empatía y estoy de acuerdo con lo que dices, que la empatía cuando uno no tiene equilibrio personal puedes ser un forma poco sana de relacionarse con otras personas.

Exacto, la empatía es una buena cualidad, es un don que todos tenéis, aunque no todos utilizáis por igual, de hecho algunos humanos no lo utilizan en absoluto, pero lo ideal es usarlo para relacionaros entre vosotros pero tratando de que las emociones o problemas de los demás no os afecten, pues una cosa es que os pongáis en su lugar para poder comprenderlos y otra que os unáis al sufrimiento de la persona haciéndolo más real, de esta forma no solo no ayudáis sino que os hundís vosotros también y donde antes sufría uno, ahora sufren dos.

Me gusta esta forma de verlo, estoy totalmente de acuerdo con lo que dices.

¿Por que la mayoría de las personas queréis tener razón?

Porque tener razón es algo que, cuando nuestra autoestima no es sana, nos proporciona una satisfacción inmediata.

Como ves, muchos de los problemas o desequilibrios que tenéis se resolverían si aprendierais a amaros y respetaros, pero elegís actitudes que os proporcionan, tal y como tú dices, satisfacciones inmediatas, sin ser conscientes que eso os acaba pasando factura y os aleja de la satisfacción duradera, que no nace de tener razón o de imponeros a los otros, sino que nace de la paz interior, de saber que no importa quién tenga razón, pues la razón y la verdad que percibís solo es un espejismo y solo es una minúscula parte de la verdadera realidad que se esconde en vuestro corazón y no en vuestra mente.

Esto es algo que siempre me genera dudas, siempre hay como un desprecio hacia la mente y una exaltación del corazón, ¿tan mala es la mente y tan bueno es el corazón?

Que pronto se te ha olvidado que era yo quien hacía las preguntas, pero me gusta tu observación así que voy a contestarte. En realidad no hay nada malo en la mente y el

corazón no es ni mejor ni peor que la mente, cuando te hablo de que hay que seguir al corazón no es algo literal, no se trata de que ese órgano que bombea vuestra sangre sea el responsable de vuestro destino y que la mente no tenga nada que aportar. A lo que me refiero es a que elijáis un camino, una actitud, que no sea la que dicta la mente a través de la razón sino la que dicta el corazón, esto quiere decir permitir que sea el amor el que guíe vuestros pasos y no la mente con sus análisis racionales la que dirija vuestra vida.

La forma más fácil de vivir esta vida para vosotros es eligiendo siempre desde el amor, pues amor es todo lo que sois, pero esa idea de seguir al corazón no excluye a la mente, pues en la mente también hay amor, pero hay amor cuando escucháis en vuestra mente la voz de vuestra alma y no cuando lo que escucháis es el análisis matemático y lógico que hace vuestra mente para indicaros cuál es el mejor camino a seguir, ningún análisis mental va a dar como resultado que elegir con amor sea la mejor opción, es por eso que hay que utilizar la mente para otras cosas que no impliquen elegir.

Así que entonces la afirmación de seguir y escuchar al corazón es una referencia que significa seguir el camino del amor.

Eso es. Tengo otra pregunta para ti Santos, ¿cómo crees que podríais mejorar vuestra experiencia en la Tierra?

Me dan ganas de decir una palabrota que acaba en *ón* como tu nombre, pero por respeto me la callo, esta pregunta te la tendría que haber hecho yo a ti.

No me importa que digas palabrotas, siempre que la digas con amor. (Se ríe). Venga, prueba a contestar a la pregunta...

Supongo que para mejorar nuestra experiencia en la Tierra hay muchas cosas que podríamos hacer, la primera es empezar a respetar y cuidar al planeta, pero eso es difícil que ocurra si primero no somos capaces de respetarnos a nosotros mismos y al resto de seres humanos.

También tendríamos que aprender a elegir y tomar decisiones con el corazón tal y como vienes explicándome durante todo el tiempo, es decir pensar menos y amar más.

Tendríamos que elegir la paz en vez de la guerra y haríamos

bien en dejar de querer tener razón, pues siempre somos testigos de nuestra realidad, que no deja de ser una pequeña porción de la misma y que puede ser diferente de la realidad que perciben los demás, pues solo podemos ver aquello que nos permiten percibir nuestro sentidos y nuestros propios filtros personales en función de nuestras creencias, que al fin y al cabo, aunque no lo parezcan a simple vista, son bastante limitadas.

Me gusta cuando dices «pensar menos y amar más», porque esas simples palabras muestran el camino a seguir y resumen en gran medida todo el mensaje que he tratado de transmitirte a lo largo de nuestras conversaciones, el problema es que por la forma en que habéis permitido que funcione vuestra mente necesitáis de todo este libro y de otros muchos más que ya se han escrito y otros que se escribirán para poco a poco ir aprendiendo a vivir practicando y experimentando la vida desde la verdad que encierran esas palabras que has utilizado para responder a mi anterior pregunta.
Cuando seáis capaces de integrar la idea de que tenéis que pensar menos y amar más, estaréis, sin lugar a dudas, cada vez más cerca de Dios y por tanto de vosotros mismos.

Gracias Metatrón.

Gracias a ti Santos.

MÁS CONFIDENCIAS

El amor hacia vosotros mismos es la mejor medicina para el alma, cuando permitís que el amor os llene tanto que necesitáis compartirlo con los que os rodean, estáis haciendo la obra de Dios en la Tierra.
Dios está presente en cada acto de amor y cuando amáis sin condiciones Dios se expresa a través vuestro, es en esos momentos que recordáis que sois parte de Él.

Canalización de la
MAESTRA ASCENDIDA KWAN YIN.

31
CONFIDENCIAS DE LOS SERES DE LUZ

Para quien quiera escuchar

Los Seres de Luz siempre tienen algo que decir, sus mensajes siempre están llenos de amor y de esperanza, con sus palabras nos hacen emocionarnos y nos guían por el camino del amor, nos ayudan a descubrir quiénes somos y quiénes podemos llegar a ser, son como hermanos mayores que velan por nosotros y están deseosos de prestarnos su ayuda y su comprensión.

Los Seres de Luz son felices cada vez que nos acercamos a ellos y buscamos compartir en su presencia nuestras dudas y nuestros anhelos, algunos de ellos pasaron por la experiencia de vivir en la Tierra, otros nunca lo hicieron, pero tanto unos como otros siempre tienen cosas que contarnos para ayudarnos a evolucionar, pues de esta manera también evolucionan ellos.

Sus energías pueden llegar a ser muy diferentes, pero todos comparten algo muy especial y es que tienen una enorme capacidad para amar, una capacidad que nosotros los humanos también tenemos aunque en muchas ocasiones lo hayamos olvidado, ellos están aquí para recordárnoslo, para ayudarnos a que tomemos conciencia de que nuestra verdadera naturaleza tiene su origen en el amor.

Ellos nos envuelven, nos acarician y nos arropan con su presencia como una madre amorosa lo hace con sus hijos.

Mientras conversaba con Metatrón, durante nuestras charlas, algunos de esos Seres de Luz se acercaron a mí y me susurraron al oído cosas que querían transmitir, esta parte del libro se compone de los mensajes que esos Seres de Luz han querido compartir conmigo y contigo. Deseo que te sean útiles como lo han sido para mí.

32
CONFIDENCIAS DE LA MADRE TIERRA

La Madre Tierra

La Madre Tierra no necesita ningún tipo de presentación o al menos no debería necesitarla, porque la Madre Tierra es la casa en la que nos alojamos, una casa que tenemos muy descuida y que maltratamos, aunque como en todo haya excepciones, a la primera oportunidad que se nos presenta.

Ella nos acoge como nosotros acogemos a nuestras células en nuestro cuerpo, la Tierra es un ser vivo que también está aprendiendo y evolucionando como lo estamos haciendo nosotros, parte de su aprendizaje es lidiar con nosotros y con el resto de habitantes de la Tierra y créeme cuando te digo que no envidio su aprendizaje, pues si a veces ya me parece complicado convivir con algunas personas incluso conmigo mismo, imagínate darles alojamiento a todas ellas y tratarlas con amor y con cariño, tal y como lo hacen las madres, aunque los niños se comporten como pequeños malcriados, como muchas veces nos comportamos nosotros con el planeta.

A partir de este momento presto mi voz a la Madre Tierra para que nos haga llegar el mensaje que quiere transmitirnos, este mensaje, a petición de la Madre Tierra fue canalizado en plena montaña, pues qué mejor que sentir su presencia y tenerla cara a cara para escuchar lo que quería contarme, lo que quería contarnos:

Mensaje de la Madre Tierra

Queridos hijos, de ahora en adelante os pido que me prestéis más atención pues Dios os habla a través de mí, pero habéis decidido no escuchar, habéis decidido girar la cabeza hacia otro lado y de esa forma no os dais cuenta que yo soy un claro ejemplo de cómo funciona el amor cuando vosotros no interferís.

Mi evolución está en un momento clave, mi ascensión es imparable, ni siquiera ya vosotros podéis evitarla, pero podéis sumaros y ayudarme a que el tránsito sea de la forma más armónica posible o podéis seguir resistiéndoos a escuchar la voz de vuestra alma que hace siglos que clama por encontrar la paz y volver a vivir de acuerdo a las leyes de la naturaleza, que no son otras que las leyes del amor.

Mi amor hacia vosotros es incondicional, pero aún sintiendo lo que siento por vosotros, debido a todo lo que me habéis maltratado, especialmente en las últimas décadas, no puedo evitar volver ese maltrato en contra vuestro, no es una elección, pues yo siempre elijo amaros y respetaros, pero para recuperar el equilibrio que me arrebatáis no puedo evitar sacudir al mundo con catástrofes naturales que equilibran la balanza y me permiten seguir con mi proceso evolutivo.

Sé que algunos sentís un profundo amor por mí y creedme que esos sentimientos me alegran el corazón, pero también sois muchos los que me atacáis, sin daros cuenta de que atacándome solamente estáis atacando el lugar en el que vivís y el lugar que os ofrece alimento, en definitiva lo que estáis atacando es vuestro hogar.

Tenéis que aprender a respetaros a vosotros mismos, pues cuando seáis capaces de hacerlo, sin duda me respetaréis también a mí, porque os daréis cuenta de que soy parte de vosotros, pues todos estamos unidos en la Conciencia Total.

Os pido, por favor, que cuidéis de la montañas que forman mi cuerpo y de los ríos que son mi sangre, cuidad del aire, evitando que la contaminación inunde mis pulmones y los vuestros, pues toda esa toxicidad que generáis acaba enfermándoos a vosotros y obligándome a mí a purificarme de forma violenta en contra de mi voluntad.

Respetad cada brizna de hierba, cada trozo de tierra y cada árbol o flor que encontráis en vuestro camino, volved a relacionaros conmigo como lo hacíais antes en algunas culturas, donde el respeto y el amor hacia mí estaban siempre presentes y vuestros sentimientos estaban llenos de pureza.

Tenéis que saber que yo solo quiero el bien para vosotros, pero no siempre me lo ponéis fácil, ayudadme a ayudaros, pues podemos vivir todos en armonía.

Os animo a que volváis a pasear por mis campos, que volváis a pasar vuestro tiempo en mis bosques y que nadéis en mis aguas, relacionaros conmigo sin miedo y hacerlo con respeto, pues mi vibración, que en los últimos años es más elevada, os ayuda a elevar la vuestra sin necesidad de realizar ningún esfuerzo, excepto el de venir a visitarme, que no tendría que ser tal esfuerzo si os permitís ser guiados por vuestro corazón.

Os estoy esperando con los brazos abiertos, recordad que en mi forma de funcionar, cuando no interferís, la Creación os está hablando y os guía a tomarme de ejemplo y aplicar lo que se os trata de enseñar en vuestras vidas, pues yo respeto las leyes del amor y procuro ser un modelo para vosotros, mientras no entendáis eso seguiréis perpetuando e incrementando vuestro propio sufrimiento.

Dejadme volver a ser una parte importante de vuestras vidas, muchos me habéis dejado de lado y acudís a mí muy de vez en cuando, venid más a menudo, pues solo puedo ayudaros a liberaros de las energías de baja vibración que absorbéis en vuestro día a día, en vuestras ciudades de cemento y hormigón, envueltos en tecnologías que alteran vuestra vibración, si acudís a mí y me abrís vuestro corazón.

Mi amor por vosotros es tan profundo como profundo está mi corazón en el centro de mi ser.

Madre Tierra.

Cuando pases por esta página
TOMA LA DECISIÓN DE DEDICAR UN RATO
A PASEAR POR LA NATURALEZA Y HAZLO
EN CUANTO TENGAS LA OPORTUNIDAD

33
CONFIDENCIAS DEL ARCÁNGEL MIGUEL

¿Quién es el Arcángel Miguel?

El Arcángel Miguel es probablemente uno de los Seres de Luz más conocidos e invocados en todo el planeta. A lo largo de los tiempos, en numerosos lugares, en las obras de arte se le ha representado portando una espada.

Tiene fama de temible y su energía es muy potente, pero no hay nada que temer en su presencia, pues su espada precisamente tiene como objetivo apartar la oscuridad y deshacer los miedos, con ella se abre paso entre las tinieblas e ilumina el camino para los que siguen sus pasos.

Es un Ser de Luz tremendamente amoroso, su amor lo utiliza para velar por los trabajadores de la luz y para guiar a las personas que sienten miedo o que se sienten perdidas, les guía de vuelta por el camino del amor, su energía tiene el poder de reconfortar incluso a las personas que más sufren, nos ayuda a descubrir nuestro propio valor, ya sea descubriendo nuestras cualidades y nuestros dones o ayudándonos a recuperar la valentía y el coraje que habíamos dejado arrebatarnos por el miedo.

El Arcángel Miguel es un *abrecaminos*, nos orienta por el camino a seguir, por aquel que es correcto y perfecto para cada uno de nosotros.

Nos puede ayudar a encontrar la profesión adecuada o a emprender nuestra misión en la vida, guiándonos en cada paso del camino. Las siguientes palabras comunican su mensaje:

Mensaje del Arcángel Miguel

Queridos hermanos, es un placer para mí unirme a vosotros, en esta ocasión quiero hablaros de la importancia de desprenderos del miedo y dejar atrás vuestros temores, pues mientras no los soltéis permaneceréis atrapados en un nivel vibratorio bajo y eso os aboca a vivir situaciones desagradables y llenas de sufrimiento.

Tenéis que comprometeros con vosotros mismos y decidir desapegaros de todo aquello que temáis, es hora de hacer acopio de vuestro valor y vuestro coraje y mirar a la cara a vuestros miedos, pues ya no os sirven para nada excepto para anclaros a una realidad creada por el dolor de sentiros separados de los demás.

La Tierra está subiendo de vibración y es ahora que debéis aprovechar ese empuje que os ofrece para hacer lo mismo, apartaos de pensamientos que os mantienen presos en una realidad que ya no queréis seguir experimentando, tenéis que dar luz a la oscuridad y eso solo lo podéis hacer viviendo desde el corazón y dejando de seguir los dictados de la mente.

Vuestra mente necesita ser vaciada de pensamientos de dolor, de sufrimiento y de guerra, pues son este tipo de pensamientos los que aún generan caos en el mundo que estáis experimentando.

Para vosotros aún es difícil centraros en el amor y vivir utilizándolo como motor en vuestra vida, especialmente cuando contempláis las noticias y veis como las guerras y el dolor que causan sigue manifestándose en vuestro mundo, no os digo que sea una tarea sencilla, pero tenéis que empezar a dejar de centraros en lo que os dicen en las noticias, pues os bajan la vibración y os impiden desplegar la totalidad de vuestro poder creador, hay seres entre vosotros que todavía no son capaces de desprenderse de su necesidad de control y lo hacen a través de generar miedo en la sociedad, con actos de terror que hacen que se hiele vuestra sangre.

Aunque os parezca muy difícil os pido que en la medida que os sea posible no os posiciones, no acuséis a los que creéis que son los malos, ni luchéis por tratar de defender a los que juzgáis como buenos, tratad de mantened la calma. Cerrad los ojos y llevad vuestra conciencia al corazón, eso os ayudará a manteneros neutrales, pues aunque no os lo parezca cada vez que atacáis algo, aunque penséis que estáis evitándolo solo le estáis dando más fuerza, con vuestro miedo, odio o rencor solo fortalecéis ese lado de la balanza y entregáis vuestro poder que es diezmado por las emociones negativas que experimentáis y que os mantienen en la indignación y os impide generar una nueva realidad más amable y armónica.

Cuantos más corazones se unan, no en el ataque a lo que queréis evitar, sino en la armonía que queréis crear, más fácil será que esa realidad se manifieste, por ese motivo tenéis que tratar de liberaros de los juicios y de los ataques a los que consideráis que no están a favor de lo que vosotros queréis o a los que están generando realidades de baja vibración fundamentadas en el miedo.

Sé que muchos queréis actuar, ir a la guerra, ganar la batalla a aquellos que siguen expandiendo el terror y el miedo por todo el mundo, pero la única forma de cambiar las cosas nunca es a través de la lucha, siempre es a través del amor y de la compasión, a mi me identificáis como un guerrero, con mi escudo y con mi espada, pero mi espada no está forjada de metal, mi espada es una espada que porta el amor allí donde yo voy como único remedio a los males creados por el desamor.

Solo el amor tiene la capacidad de sanar el mundo y sanaros a vosotros y aunque muchos creáis que eso no basta, eso es lo único que importa, pues siempre que actuáis desde el amor incondicional, sin esperar nada a cambio, el Universo se rinde ante vosotros y confía que algún día, más tarde o más temprano, todos volveréis al amor.

Mi amor está con vosotros siempre.

Arcángel Miguel.

Cuando pases por esta página
PIENSA EN ALGUIEN QUE TE QUIERA

34
CONFIDENCIAS DEL ARCÁNGEL RAFAEL

¿Quién es el Arcángel Rafael?

El Arcángel Rafael es conocido como el Médico del Cielo, es el que vela por la salud, pues es el sanador por excelencia. Su energía es muy sanadora y tremendamente reconfortante, es a él a quien podemos invocar cuando necesitamos tratar asuntos sobre la salud, él nos guiará para que tomemos las mejores decisiones sobre nuestra salud y nos conducirá hasta los médicos y los terapeutas más adecuados para nuestra situación.

El Arcángel Rafael también nos ofrece su ayuda en cualquier situación que tenga que ver con los viajes y nos ofrece su protección durante los mismos, es también un gran guía para todas aquellas personas que deciden dedicarse a profesiones relacionadas con la salud. Médicos, terapeutas y sanadores tienen en él un consejero que les puede ayudar con sus estudios y con sus profesiones, así como para desarrollar las habilidades necesarias para ejercer su profesión.

El Arcángel Rafael está tan comprometido con la salud que también vela por la de nuestras mascotas, así que podemos recurrir a él cuando necesitemos que interceda por ellas, la sanación no siempre ocurre de forma milagrosa, porque incluso los animales tienen su propio plan de vida, pero acudir a este Arcángel nos puede ayudar a encontrar, tal y como ocurre con los humanos, a los veterinarios o profesionales adecuados para nuestros animales de compañía.

Podemos, por tanto, acudir a él para cualquier tema que tenga que ver con la salud y estar abiertos a las intuiciones o a las orientaciones que lleguen a nosotros, pues este Arcángel nos ayuda a encontrar las cosas y las personas que nos pueden ayudar a sanar. Te dejo con su mensaje:

Mensaje del Arcángel Rafael

Queridos hermanos de la Tierra mi mensaje está destinado para aquellos que sufren y están enfermos, sé que muchos habéis perdido las esperanzas y ya no confiáis ni tenéis fe en nada, pero os pido que tengáis fe en vosotros mismos, pues tenéis el poder de cambiar vuestra situación y recuperar vuestra paz interior.

La enfermedad es una forma que elige vuestra alma para comunicarse con vosotros cuando ya ha probado otras opciones menos agresivas y no ha sido escuchada, vuestra sabiduría interna trata de ser sutil cuando se comunica con vosotros las primeras veces, pero sin no recibe respuesta, no puede evitar ir incrementando el volumen de la voz con la que os habla y eso conlleva, en muchas ocasiones, el desarrollo de una enfermedad.

La enfermedad solo os trata de transmitir un mensaje y el mensaje es el de que habéis perdido la coherencia y estáis renunciando a ser quienes habéis venido a ser, esto ocurre cuando os alejáis de los verdaderos deseos de vuestro corazón y vuestra alma y tratáis de ser alguien que no sois y os dedicáis a utilizar el regalo de vuestra vida en tratar de gustar a los demás o contentar a todos cuantos os rodean aun a costa de perder vuestra verdadera personalidad.

Aquellos que quieren mejorar su salud o recuperar el estado de paz interior, pues hay algunos casos en los que la recuperación ya no es posible, ya que habéis desgastado en exceso vuestra energía presos de la incoherencia entre lo que pensáis, lo que sentís y lo que hacéis, tenéis que dar un giro a vuestras vidas, tenéis que escuchar a vuestro corazón y preguntarle que es lo que verdaderamente quiere hacer, tenéis que escuchar sus peticiones y tenéis que poneros en marcha, dando, aunque sea, pequeños pasos para acercaros a lo que os pide el corazón, pues solo de esta manera vais a poder recuperar la paz y en algunos casos también la salud. Tenéis un gran poder de sanación, eso es algo que está al alcance de todos, unos son sanadores natos y utilizan sus dones para ayudar a otros a sanarse y a la vez se sanan ellos mismos, pero aunque no seáis sanadores de profesión o de vocación, todos tenéis una herramienta que os puede ayudar a sanar y esa herramienta es el amor, tenéis que acercaros a lo que vuestra alma ama, tenéis que poner el freno y parar de hacer aquellas cosas que os debilitan y que no os hacen vibrar de forma elevada, muchos sois los que necesitáis cambiar de profesión, para permitir que vuestra alma utilice sus dones realizando aquello que ha venido a realizar, escuchar para ello al corazón y si tenéis miedo y no os veis capaces de dejar de golpe vuestras ocupaciones, tratad por lo menos de ir integrando en vuestro tiempo libre aquello que os reclama vuestra alma.

Otros no necesitan dejar sus trabajos, pero sí alejarse de sus parejas y de las personas que ya no les aportan nada, pues ya no vibran como ellos, no es que esas personas sean malas o tóxicas como algunos dicen, simplemente ya han cumplido con su misión en vuestra vida y es momento para agradecerles el tiempo compartido y dejarlas marchar, pues esa marcha supondrá un punto de inflexión para todos aquellos que se separan.

Vuestra salud y vuestro bienestar es responsabilidad vuestra y tenéis que aprender a cuidaros por vosotros mismos, parte de ese cuidado empieza por dejar de quejaros, dejar de juzgar y tratar de buscar la forma de ver amor, donde antes veíais odio o rencor.

El rencor, el resentimiento y el odio son una tríada de emociones que os pueden llegar a matar, se van apoderando de vosotros y en algunos casos de forma fulminante y en otros de forma lenta se van adentrando en vuestras entrañas y ensombrecen vuestra energía hasta dejarla completamente oscura y exenta de vida. Es tiempo de dejar ir esas emociones y sanarlas mediante el perdón, atreveros a perdonar incluso aquello que os parece imperdonable, perdonad aunque sintáis que estáis fingiendo el perdón, pues ese fingimiento os va a ayudar a modificar y suavizar vuestras emociones y os pondrá poco a poco en el estado adecuado para poder perdonar realmente sin necesidad de fingir.

El perdón os devuelve la capacidad de amar, así que aunque creáis que el perdón se lo ofrecéis a la persona que perdonáis, en realidad el perdón siempre es un regalo que os ofrecéis a vosotros mismos y que os ayuda a sanar.

Amad a lo grande y dejad que el amor armonice vuestra salud y vuestra vida, siempre a vuestra disposición.

Arcángel Rafael.

Cuando pases por esta página
CIERRA LOS OJOS UNOS INSTANTES E IMAGINA QUE UNA LUZ VERDE TE ENVUELVE COMPLETAMENTE

35
CONFIDENCIAS DEL ARCÁNGEL GABRIEL

¿Quién es el Arcángel Gabriel?

El Arcángel Gabriel es el mensajero por excelencia, aunque realmente todos los Ángeles y Arcángeles son mensajeros de Dios, pero es Gabriel el que es conocido por ser uno de los Seres de Luz que participó en la anunciación de Jesús.

A diferencia de Metatrón, Miguel y Rafael, la energía de Gabriel es una energía muy suave, una energía femenina, es una energía que transmite mucho afecto y mucha paz, cuando está cerca sientes que te inspira y que estás en la presencia de alguien muy maternal y con una gran sensibilidad.

El Arcángel Gabriel es de gran ayuda para aquellos que quieren incrementar su familia y tener hijos, pues este Arcángel intercede por ellos y les ayuda a dar los pasos necesarios para lograrlo.

Otra de las funciones de este Arcángel es velar por aquellas personas que se dedican al arte o a la comunicación, él les inspira y a través de su amor y de su guía, les anima a que den rienda suelta y creen bonitas obras de arte o comuniquen de forma clara y elocuente.

Podemos, por tanto, invocarlo cuando necesitemos inspiración o cuando tengamos necesidad de dar algún mensaje o comunicarnos con alguien con quien nos resulte difícil, él nos ayudará a que seamos capaces de hablar con amor y seguridad. Este es el mensaje, que con amor y seguridad, me trasmitió el Arcángel Gabriel:

Mensaje del Arcángel Gabriel

Queridos hermanos, es un honor poder compartir este instante con vosotros, deseo de corazón que mis palabras os inspiren, pues es de inspiración de lo que os he venido a hablar.

Os animo a todos los artistas, especialmente a aquellos que reniegan de su capacidad para crear, que se empoderen y que con sus creaciones ayuden a embellecer el mundo.

Todos los humanos tenéis una gran capacidad creadora, sois creativos por naturaleza, ninguno podéis renunciar a ese don, pues es un regalo que se os entregó a todos sin excepción, mas lo que sí podéis hacer y esto es de vuestra libre elección, es renunciar a utilizar este don y tratar de encerrarlo en vuestro interior, pero tenéis que saber que eso solo os genera malestar y con el tiempo acaba convirtiéndose en enfermedad.

Si miráis en vuestro interior, en vuestros corazones, veréis que crear es algo que os hace sentiros vivos, cada uno en su especialidad, pero todos, aunque no os lo creáis habéis vendido a crear, las ideas son abundantes y os llegan a vuestra mente sin parar, muchos de vosotros les dais vueltas sin parar, como lavadoras centrifugando, pero tenéis que acostumbraros a parar de vez en cuando de pensar y a poner en práctica las ideas que os animan a dar vida a las creaciones que vienen a través de la imaginación y que pueden dar color y alegría a vuestros hermanos y al mundo entero.

¿Por qué le tenéis tanto miedo a dar rienda suelta a vuestra capacidad artística? Tenéis que dejar de pensar en el qué dirán, es evidente que muchos os van a criticar, pero tenéis que permitiros seguir vuestra inspiración a pesar de lo que digan los demás, aquellos que critican mucho hacen poco, así que si estáis en ese bando, hablad menos de los demás y haced más por vosotros mismos.

Cuando miro en muchas de vuestras almas y en vuestros corazones encuentro una enorme insatisfacción, que la mayoría de las veces tiene que ver con la frustración que sentís por no daros la oportunidad de probar a realizar muchas de las cosas que queréis hacer y que no os atrevéis por lo que puedan pensar los demás. ¿De verdad queréis sacrificar vuestra felicidad por miedo a que alguien os critique? Pensad que las criticas suelen venir por parte de aquellos que no se atreven a hacer aquello que vosotros estáis haciendo, los mayores críticos son aquellos que sienten envidia por lo que otros hacen, si tenéis que elegir, elegid ser los que recibís las críticas por hacer, que ser los que critican y no tener otra cosa que hacer que criticar. Una crítica os puede doler, pero solo hasta que logréis desapegaros y seguir adelante con vuestra vida, haciendo lo que os gusta y lo que os pide vuestra alma, pero el dolor de una crítica e incluso de muchas nunca es comparable con el que experimentáis cuando no hacéis lo que os anima a hacer vuestra alma, escuchad más a vuestro corazón que aquello que sale de la boca o de la pluma de los demás.

Si queréis escribir, hacedlo, si queréis cantar, hacedlo, si queréis pintar, hacedlo, si queréis crear un negocio que ofrezca productos o servicios para mejorar el mundo, hacedlo, no tengáis miedo, pues a lo único que tenéis que tener miedo es a dejar de experimentar y a mirar atrás y ver que no habéis hecho nada de lo que os hubiera gustado.

Las ideas vienen y si no hacéis nada con ellas se van, van a parar a las mentes de otras personas que sí que harán algo con ellas y os sentiréis frustrados al ver que otra persona, tal vez en la otra punta del mundo, ha hecho aquello con lo que vosotros habíais soñado, aquello que habíais imaginado, pero que nunca os atrevisteis a hacer.

El arte embellece el mundo, cuando creáis con amor estáis siendo creadores, estáis siendo artistas, el arte no solo es algo que se expone en un museo, el arte también es embellecer el mundo con vuestras creaciones, tal vez con una empresa que mejore la calidad de vida de la gente, porque aunque eso no os lo parezca, también es arte, el arte de aportar felicidad y amor a las personas.

Liberar al artista que todos tenéis dentro, porque el mundo necesita amor en forma de arte, ¿os vais a atrever a dárselo?

Arcángel Gabriel.

Cuando pases por esta página
PIENSA EN ALGUNA FORMA DE POTENCIAR TU CREATIVIDAD Y PONLA EN PRÁCTICA EN CUANTO PUEDAS

36
CONFIDENCIAS DEL ARCÁNGEL RAZIEL

¿Quién es el Arcángel Raziel?

El Arcángel Raziel es el que guarda los secretos de Dios, los puso por escrito en un libro que se conoce como *El Libro del Arcángel Raziel*. Este Arcángel, conocedor de los secretos del Universo, ayuda a los humanos a comprender las verdades del mundo espiritual, este Ser de Luz se siente feliz de guiar a todos aquellos que quieren evolucionar y aprender los misterios del Universo.

Es un gran maestro que ayuda a aquellas personas interesadas en la Astrología, en la Geometría Sagrada y en cualquier otro conocimiento que sirva para conocerse a uno mismo y conocer el Universo. En otra de sus anteriores existencias fue un alquimista, un investigador incansable que buscó la manera de hacer evolucionar al alma, por eso es de gran ayuda para aquellos que buscan purificarse y elevar su conciencia.

El Arcángel Raziel nos ayuda a manifestar y ser conscientes de nuestro propio poder, el nos ayuda también a activar y desarrollar nuestros dones espirituales, tales como la telepatía, la clarividencia o el resto de formas de percibir la guía divina. La energía de este Arcángel es una energía muy sutil, aunque sus mensajes suelen ser bastante profundos, es un Ser de Luz inteligente, alegre y cariñoso.

Cuando, hace un tiempo le pregunté durante una canalización sobre el libro que lleva su nombre esta fue su respuesta:

Sobre el Libro de Raziel

Querido hermano, los secretos contenidos en ese libro están

sabiamente guardados, algunos de ellos se han ido filtrando conforme a un plan preestablecido por la Fuente, mas no es el momento de que salgan más secretos a la luz. No dediques tu tiempo a investigar este tema, pues solo supondría una pérdida de tiempo, algunos de esos secretos están guardados en las almas de algunos humanos, pero son fragmentos que por si solos impiden comprender el sentido total de la información.

Muchos de los secretos de ese manuscrito no pueden ser explicados ni conocidos ahora ni por los ángeles ni por los humanos, pues así lo ha dispuesto la Fuente, pues ha de llegar un momento más propicio pero aún está lejano, la humanidad tiene que dar al menos dos saltos importantes a nivel de conciencia para que algunas de las claves contenidas en el libro puedan ser comprendidas y usadas de forma correcta.

Mensaje del Arcángel Raziel

Queridos hermanos, me siento feliz de poder dirigirme a vosotros y quiero hablaros de la necesidad que tiene la Tierra de que recuperéis todo vuestro poder. Sois seres poderosos, a pesar de que vuestros miedos han enterrado ese poder que se os dio como regalo divino, el planeta está viviendo una experiencia de gran magnitud y necesita de vuestra ayuda para poder hacerlo de la forma más armónica posible, por ese motivo es necesario que todos aquellos que estáis ahora despertando empecéis a sanar vuestras heridas y vuestra autoestima sin demora, pues sois realmente importantes todos aquellos que estáis volviendo a reconectar con vuestros dones espirituales, para anclar la nueva energía que está llegando a la Tierra.

Sé que muchos de vosotros tenéis miedos de esos dones que están volviendo a vuestras vidas, eso es porque aún existen memorias activas de otras existencias en las que pusisteis vuestros dones al servicio de la oscuridad y teméis volver a utilizarlos de la misma manera, manera que os causó un gran sufrimiento, pero tenéis que entender que eso ya ocurrió y que también formaba parte de vuestro aprendizaje, ahora estáis transitando por otro momento muy diferente y vuestro nivel evolutivo os ha permitido elegir el camino de la luz, por tanto tenéis que ser capaces de dejar atrás vuestros miedos y reconectaros con vuestros dones espirituales porque la Tierra os necesita para transitar por este periodo de una forma más amable, todo esto no tiene como objetivo otra cosa que velar por vosotros mismos, pues es algo que os pide la Madre Tierra, ya que ella es conocedora de sus propios límites y es consciente de que puede superar esta etapa sin vuestra ayuda, pero os la reclama porque la diferencia entre contar con vuestro apoyo o no tenerlo, a los únicos que puede afectar más es a vosotros mismos, a la humanidad.

La Tierra quiere evolucionar y prefiere hacerlo de una forma más armónica para la humanidad, sin necesidad de recurrir a la destrucción y los desastres naturales para vivir su proceso y ahí es donde es necesaria la colaboración de aquellas personas que tienen el nivel evolutivo suficiente para entender que cada persona que vibra en el amor está sumando y ayudando a que el proceso sea más armónico y con menor nivel de sufrimiento.

Podéis invocarme para que os guíe a aprender a relacionaros con vuestros dones de una forma sana o para que os ayude a encontrar a las personas, los cursos o los libros que os puedan ser útiles y os ayuden a integrar vuestras cualidades espirituales, yo velo por vosotros, pero solo puede ayudaros si solicitáis mi ayuda, podéis simplemente invocar mi nombre y pedidme orientación y allí estaré yo ofreciéndoos mi ayuda, pero para ello tendréis que escuchar vuestro corazón, pues me comunico con vosotros como el resto de Seres de Luz y solo podréis oírme si sois capaces de apartaros temporalmente del ruido que genera vuestra mente y os centráis en sentir vuestro corazón.

También estoy aquí para los que ya habéis emprendido el camino y estáis utilizando vuestros dones, yo os ayudaré a alcanzar mayores niveles de comprensión y os guiaré para que avancéis más rápido.

Que la alegría forme parte siempre de vuestras vidas, sonreíd incluso a aquellas cosas que os producen miedo, pues la alegría es una forma muy poderosa de amar que disuelve a su paso el sufrimiento y el dolor.

Arcángel Raziel.

Cuando pases por esta página
CIERRA LOS OJOS UNOS INSTANTES E
IMAGINA QUE EL PLANETA ESTÁ
ENVUELTO EN LUZ BLANCA, UNA LUZ
LLENA DE PAZ Y DE AMOR

37
CONFIDENCIAS DEL DIOS THOT

¿Quién es el Dios Thot?

Thot es el Dios egipcio de la Sabiduría, aunque también se le atribuye reinar sobre la música, la magia, la geometría y la escritura, de la que dicen fue el inventor. En la mitología egipcia se le consideraba como un Dios que tenía autoridad sobre los otros Dioses. En otra de sus existencias fue un Sacerdote Atlante con grandes dones de profecía y sanación. A lo largo de sus distintas existencias escribió grandes tratados sobre magia y misticismo, recopiló gran parte de sus conocimientos y los plasmó para dejar su sabiduría como legado para la humanidad.

Los griegos lo adoraron como a Hermes, que fue uno de los Dioses que habitaban en el Olimpo.

A él se le atribuye la escritura de la Tabla Esmeralda pieza clave del conocimiento hermético en el que se fundamentaba la alquimia y de la que se decía que aquel que entendía ese texto tenía acceso a la conciencia de la Totalidad o Dios.

El Dios Thot es de gran ayuda para aquellos que quieren aprender ciencias como las matemáticas y la geometría, también, al igual que el Arcángel Raziel, es un gran maestro que nos ayuda a desarrollar nuestras capacidades psíquicas.

Los escritores o aquellos que quieren empezar a escribir pueden invocarle para que les ayude, no en vano, como antes comentaba, se le consideró el inventor de la escritura. Este es el mensaje que nos quiso transmitir Thot:

Mensaje del Dios Thot

Queridos familiares de la Tierra, quiero hablaros de cosas que son necesarias en este momento para permitir que la humanidad avance como colectivo, pero son cosas que tenéis que hacer primero a nivel individual.

Es un momento para que pongáis orden en vuestras vidas, me refiero a poner orden a todos los niveles, empezando por el entorno que os rodea hasta llegar a vuestra mente. Cada vez que habilitáis un espacio con orden y armonía os estáis armonizando vosotros mismos, tenéis que desprenderos de aquellas cosas que ya no os sirven o que han dejado de ser útiles para vosotros, tenéis que dejar ir las cosas que no necesitáis aunque tengáis apego y cariño hacia ellas, pues la nueva energía de la Tierra no entiende de apegos y os anima a viajar ligeros de equipaje.

Todo lo que acumuláis en desorden os desordena también vuestra mente y vuestras emociones, por tanto, os animo a que apliquéis el feng shui también a vuestros pensamientos, que liberéis espacio en vuestra mente de pensamientos antiguos y creencias que os atan al pasado y os anclan a emociones negativas como el rencor o el resentimiento, perdonad todo lo que hay en vuestro pasado y de esta forma podréis dejarlo atrás y sacarlo de vuestras mentes y de vuestros corazones, solo así podréis avanzar y lo haréis mucho más ligeros y con mayor felicidad.

Centraros en desprenderos de aquellas cosas que os sobran, antes de pensar en las que os faltan, tenéis que crear el espacio para poder atraer a vuestras vidas las cosas que queréis, pero sin aferraros a un plan establecido o a un resultado concreto, pues la vida suele tener para vosotros más de lo que os imagináis, pero para poder recibirlo tenéis primero que soltar.

Otra cosa importante que os animo a hacer es que os enfoquéis en las cosas positivas, en las acciones motivadas por el amor y que seáis también agradecidos, no solo con todos aquellos que tengan gestos de bondad con vosotros, sino con la vida misma, pues todo lo que os ocurre solo trata de enseñaros donde está el camino de regreso a casa y vuestra casa se llama amor, así que entended que incluso detrás de aquello que os parece una desgracia o aquellas situaciones que os causan dolor, solo está la vida intentando ayudaros a perdonar y sanar en vosotros mismos el dolor y el drama que cada uno de vosotros proyectáis en el mundo.

Tratad de llevar vuestra conciencia a los actos de paz y amor y enfocar en ellos vuestra mente como un médico haría con un láser en una operación, enfocaros con precisión, si el médico no lo hiciera el resultado sería catastrófico para su paciente, pues cada vez que vosotros dejáis de mirar lo positivo y os entregáis, os regodeáis o criticáis aquello que juzgáis como negativo os estáis posicionando en el lado que sigue manifestando aquello que queréis evitar y os convertís en parte generadora de las catástrofes que queréis remediar.

Para construir un mundo mejor primero tenéis que realizar un proceso alquímico en vuestro interior, tenéis que transformar todo lo negativo en positivo, como los antiguos alquimistas que convertían el metal en oro, eso es lo que tenéis que hacer, tenéis que convertir vuestras emociones negativas en pura luz, tenéis que hacer brillar vuestra propia oscuridad, pues vuestra sombra solo quiere que la reconozcáis y la llevéis a la conciencia, para ello tenéis que amar cada parte de vosotros mismos y amar la totalidad de lo que existe, incluso aquellas cosas o personas a las que preferiríais odiar o excluir de vuestras vidas, pues ellas solo reflejan una parte de la conciencia colectiva que hay que sanar y como ya os hemos dicho varios de nosotros a lo largo de nuestros mensajes, solo el amor tiene capacidad para sanar incluso aquellas cosas que parecen imposibles de sanar.

Permitid que la sabiduría contenida en los actos de amor incondicional que nacen del corazón sea siempre vuestra guía.

Dios Thot.

Cuando pases por esta página
TOMA LA DECISIÓN DE ORDENAR TU CASA O TU LUGAR DE TRABAJO Y HAZLO EN CUANTO PUEDAS

38
CONFIDENCIAS DE LA MAESTRA KWAN YIN

¿Quién es la Maestra Kwan Yin?

Kwan Yin es la Diosa de la Compasión, su origen es oriental y es un ser que alcanzó el estado de iluminación o el estado de Buda, que es un estado de completo despertar espiritual, pero por su gran amor a la humanidad decidió renunciar a ese estado y realizó la promesa de mantenerse ayudando a la humanidad hasta que el último de los seres humanos se iluminara, lo cual da una muestra del gran compromiso que tiene este Ser de Luz con los humanos, pues su misión requiere de mucha paciencia y coraje, ya que la obra en la que se ha embarcado no es una tarea fácil.

La energía de Kwan Yin es tremendamente amorosa, es el amor en estado de pureza, cuando su energía está presente te embarga una sensación de calidez y de compasión que, en muchas ocasiones, llega a emocionar.

Parte de su misión es acabar con el sufrimiento en el mundo, así que Kwan Yin guía y ayuda a todas aquellas personas que defienden y trabajan para esa causa.

Algunas personas comparan su energía con la de la Virgen María, pues las dos tienen una energía suave, femenina y muy maternal, las dos abrazan a los seres humanos como si todos fueran sus hijos.

Kwan Yin se siente más contenta cuando nos referimos a ella como Maestra que cuando la elevamos al papel de Diosa, pues ella siente que su función es enseñar el amor y la compasión a la humanidad y enseñar es lo que hacen los maestros, esto es una muestra de su gran humildad.

La Maestra Kwan Yin nos ayuda a abrirnos al amor y a desarrollar la capacidad para darlo y recibirlo, pero también tiene gran interés en que seamos capaces de amarnos a nosotros mismos. Despierta en nosotros la compasión, la dulzura y el poder ayudar a los demás experimentado el sentimiento del amor incondicional. Nos asiste en el camino hacia la iluminación. Este es el mensaje que nos regaló:

Mensaje de la Maestra Kwan Yin
Querida familia de luz, tenéis que saber que os amo profundamente y es de amor de lo que quiero hablaros en esta ocasión, no hay nada más importante que el amor, pero durante muchos siglos os habéis negado a amaros a vosotros mismos, tal vez porque se os ha hecho creer que amarse a uno mismo era algo egoísta o porque os sentíais culpables por algún motivo y por tanto no merecedores de vuestra propia compasión, no hay nada ni lo habrá nunca por lo que no podáis ser merecedores de amor, la Fuente os ama a todos por igual y si la Fuente os ama, siendo ella pura conciencia e inteligencia, ¿no creéis que merecéis ser amados?

El amor hacia uno mismo os pone en disposición de poder amar a los demás, de poder amar a vuestros hermanos, por eso amaros a vosotros mismos no es una actitud egoísta, sino un acto de generosidad.

Nadie puede ofrecer a los demás aquello que no tiene, por eso es motivo de alegría en el mundo del espíritu que acumuléis amor en vuestro ser, pues solo teniéndolo vosotros podéis ofrecerlo e irradiarlo hacia los demás y hacia el mundo y, creedme cuando os lo digo, el mundo necesita mucho amor, pues hay muchas memorias de dolor que aún hay que desenterrar y llevarlas a la luz de la compasión para liberarlas y sanarlas.

El Universo os ofrece tantas oportunidades de perdonar y de sanar mediante el amor como necesitéis, pero es bueno que no os retraséis más y empecéis a aprovecharlas, pues cuanto más tiempo pasa más os cuesta ver todas las oportunidades que tenéis de sanaros a través de perdonar a los demás y de entregarles vuestro amor y vuestra compasión. Cada persona que se acerca a vuestra vida es un reflejo vuestro, de vuestro interior y es una oportunidad de amaros más intensamente, pues así como tratáis al otro os estáis tratando a vosotros, podéis elegir alejaros de aquellas personas que os hacen sentir incómodos o infelices, pero si hacéis esto tenéis que hacerlo con compasión y sin juicio, no os marchéis por que rechacéis a esa persona, sino porque en el momento que estáis viviendo sentís que no hay una compatibilidad a nivel emocional, mental y energética, pero es importante apartarse con afecto, sin crítica o sin creer que sois mejores que el otro, pues cuando rechazáis a los demás y os sentís superiores es que aún no habéis entendido que el otro es parte de vosotros y que lo que le hacéis y el rechazo que le ofrecéis os lo estáis ofreciendo a vosotros mismos y de esa manera solo podéis conseguir rechazaros más a vosotros, sentiros más separados en vuestro interior.

Tenéis que acoger todo lo que llega a vuestra vida, tenéis que aprender a amarlo todo, pues sois parte de la Totalidad, tenéis que aprender a vivir observando la naturaleza, tenéis que volver a ella y permitir que os enseñe. La Madre Tierra os ofrece una lección importante que aprender, ella ama sin distinción tanto a un mosquito como a un elefante, ofrece a todos las condiciones necesarias para vivir y lo hace sin juicio, solo el ser humano ataca a aquella que le ofrece alimento y cobijo, ¿no veis que ese no es el camino?, ¿no veis que se puede hacer mucho mejor? No, en realidad no lo veis y eso es porque os habéis faltado tanto el respeto a vosotros mismos, que os parece normal faltar el respeto a la Creación, pero no os dais cuenta que eso solo os puede generar insatisfacción y sufrimiento, pues es como atacar a vuestros padres, cuando ellos solo tratan de ofreceros lo mejor.

Por todo esto es tan importante que le deis prioridad al objetivo de empezar a amaros, pues solo a través del amor podéis recuperar la compasión y el respeto por la vida, por la vuestra propia y por la de los demás. Dejad de escuchar tanto a la mente que os lleva a cometer las mayores barbaries en busca de logros materiales o de éxitos efímeros que solo os ofrecen migajas de satisfacción y empezad a escuchar a vuestro corazón que está deseoso de abriros las puertas del Cielo.

Mi labor es guiaros a través de la compasión y el amor, es una tarea compleja, pues sois muchos los que aún estáis desconectados de vuestro verdadero ser, pero nunca pierdo la fe ni la esperanza, pues conozco el potencial que tiene el ser humano para amar y sé que entre todos los que ya estáis despiertos o despertando a esta verdad vais a ayudarme en mi labor, pues os necesito a todos y cada uno de vosotros sin excepción.

Os amo profundamente, pero yo solo soy un reflejo de lo que vosotros mismos sois, así que si yo os amo incondicionalmente, no podéis decir que no conocéis el amor, pues yo soy parte de vosotros lo mismo que vosotros sois parte de mí, dejad que esa parte que represento en vuestro interior crezca los suficiente como para que volváis a conectar con el amor incondicional que sois.

Que el amor se encienda como una luz en vuestros corazones y no se apegue nunca. Os amo, amaos vosotros también.

Maestra Kwan Yin.

39
CONFIDENCIAS DE LA DIOSA ATENEA

¿Quién es Atenea?

Atenea es conocida como la Diosa griega de la guerra, de la sabiduría, de la justicia y de las artes. Nació de la cabeza del Dios Zeus y se convirtió en su hija favorita. Atenea formaba parte de los doce Dioses que habitaban en el monte Olimpo, la montaña más alta de Grecia. En la cultura romana también se le rindió culto pero fue conocida con el nombre de Minerva.

Cuando canalizo a Atenea percibo a una mujer fuerte, pero con una gran sensibilidad y una enorme sabiduría, es el arquetipo de la mujer valiente que tiene el coraje para, sin abandonar su feminidad, ser una mujer cuya fortaleza nada tiene que envidiar a la de los hombres.

Atenea es una luchadora y una gran guerrera, pero no lucha con violencia, su batalla es llevada a cabo desde la paz interior y la sabiduría, su intuición la guía desde el corazón, su fuerza no se encuentra en su escudo ni es su espada, su fuerza se encuentra en su interior, en la conexión que su alma tiene con todo el Universo. Las estrellas se sienten felices de brillar para ella y ella les sonríe con su cálida sonrisa llena de complicidad y de amor. La energía que emana Atenea es una energía muy potente, es una energía compuesta por fortaleza y amor a partes iguales, es la fuerza del amor en acción. Este fue su mensaje:

Mensaje de la Diosa Atenea para las mujeres

Amados hermanos de la luz, hoy siento la necesidad de hablaros de las mujeres de la Tierra. Vosotras sois, en este momento, muy importantes para asentar las nuevas energías que están llegando al planeta en este nuevo milenio, tenéis que recuperar vuestra energía femenina, pues la habéis ocultado y dejado de lado para rebelaros por todas las injusticias que habéis vivido en el pasado, eso ha hecho que desequilibréis vuestras energías y dierais demasiado poder a vuestra parte masculina, eso era necesario pues necesitabais pelear en un mundo en el que los hombres habían acallado su parte femenina y por tanto para seguir conviviendo con ellos solo podíais hacerlo si reflejabais su parte masculina, pues estabais cansadas de sentiros marginadas y de tener que permanecer en un segundo plano como si tuvierais menos valor, mas ya es hora de encontrar el verdadero equilibrio donde cada persona armonice sus energías masculina y femenina al margen del rol que le haya tocado experimentar en esta encarnación en la Tierra.

Para que ese equilibrio se vuelva a producir las mujeres sois las encargadas de iniciar ese proceso volviendo a conectar con ese lado femenino que muchas habíais desechado, sois vosotras las que tenéis que educar a vuestros hijos para que se conviertan en hombres que no teman su lado femenino, porque para vosotras siempre ha sido más fácil conectar con vuestras emociones y vuestro corazón, por eso sois el origen de la vida y sois las encargadas de ofrecer ese regalo a las almas que anidan en vuestros vientres en busca de vivir la experiencia y el aprendizaje que ofrece la Madre Tierra.

Es hora de que os aceptéis a vosotras mismas, que os deis cuenta de que ya no es necesario demostrar nada a los hombres y que sois poderosas siendo mujeres sin necesidad de perderos en la misma desconexión interior que tienen la mayoría de los hombres en la actualidad.

El cambio empieza por vosotras, las mujeres dais la vida y podéis cambiarla desde vuestro interior, tenéis que confiar en vuestro propio poder y tenéis que enseñar que la sensibilidad no es igual a debilidad sino a conexión con el Universo, pero para ello tenéis que aprender a gestionar vuestras emociones desde el amor y no desde el miedo o el rencor, tenéis que perdonaros a vosotras mismas, pues a nivel inconsciente arrastráis un sentimiento de culpa por la situación que vive el mundo, pero ya no es tiempo de culpas sino de asumir vuestra responsabilidad para empezar a ver el mundo con los ojos del amor.

Sois guerreras, lo habéis sido siempre como lo he sido yo, pero ahora ya no tenéis que luchar por miedo sino convertiros en guerreras del amor, empezando por amaros a vosotros mismas, para luego poder extender ese amor a todo el mundo, necesitáis perdonar a los que os maltrataron y a vosotras mismas por haberos dejado maltratar y por haber renunciado a vuestra energía femenina que era la que os hacía verdaderamente poderosas, tenéis que recuperar esa parte y ponerla al servicio del amor, para, con vuestra sensibilidad, devolverle al mundo y a la humanidad el amor, la paz y la armonía de que disfrutaron en épocas muy lejanas.

Que mi valentía y mi energía, que no son otras que las vuestras, os acompañen de ahora en adelante, recordad que sois igual que yo, sois gran**Diosas**.

Diosa Atenea.

Cuando pases por esta página
HÁBLALE A TU CUERPO Y DILE QUE LO QUIERES Y LO RESPETAS

40
CONFIDENCIAS DEL MAESTRO MERLÍN

¿Quién es el Maestro Merlín?
El Maestro Merlín es un alquimista, un mago, tiene la apariencia de un anciano con un aspecto divertido de sabio chiflado, cuando contacté con él por primera vez, mucho antes de pensar en escribir este libro, lo percibí como una especie de Albert Einstein con el pelo alborotado, estaba en su laboratorio realizando experimentos con piedras y con líquidos de colores en probetas de ensayo, al principio dudé de lo que estaba percibiendo, ya que la idea de Merlín tiene un gran componente de leyenda y pensé que tal vez su leyenda solo fuera eso y no hiciera referencia a una vida o existencia real, fuera como fuera la información que me proporcionó hizo que dejara de dudar y él mismo me dijo que lo importante no era si había existido realmente o no, sino que su energía formaba parte de un arquetipo sustentado por las creencias de la humanidad y eso era suficiente para existir y tener acceso a los secretos de la existencia. Tras esa experiencia dejé de tener dudas al respecto y tengo que reconocer que siempre que he contactado con él me ha transmitido palabras y consejos que me han resultado de gran utilidad.

El Maestro Merlín nos ayuda a relacionarnos con las piedras y hacer uso de los cristales y de sus propiedades, también nos ayuda a conectar con nuestro Maestro Interior, con ese alquimista que todos tenemos dentro y que guarda los secretos de nuestra sabiduría interior.

El Maestro Merlín ayuda a todos los terapeutas y sanadores que usan la energía y las piedras para curar, les guía en su trabajo y les anima a investigar sobre las piedras yendo más allá de lo que explican los libros, pues dice que cada piedra en sí es particular y puede ofrecer informaciones muy útiles para ayudar en los procesos de sanación, nos anima a escuchar lo que las piedras y los minerales tienen que decirnos.

Antes de ofrecerme su mensaje me pidió que pusiera a mi lado un gran cristal de cuarzo que tengo en casa, así que cogí el cuarzo y estuve atento a sus palabras, esta es su aportación para este libro:

Mensaje del Maestro Merlín sobre las piedras

Querido hermano, gracias por acceder a mi petición, ese cuarzo que te he hecho coger y poner frente a ti es un cuarzo con un gran poder, lo tienes un poco abandonado y mi petición solo tenía como objetivo ayudarte a reconectar con él.

Todas las piedras que tenéis a vuestro alrededor tienen mucha información, están aquí desde mucho antes de que vosotros habitarais el planeta, sin embargo, normalmente, no les tenéis el más mínimo respeto. Las piedras son fuente de sabiduría, en el interior guardan los secretos de la Tierra y contienen información sobre vuestros orígenes y sobre lo que sois, ellas están deseosas de ayudaros en vuestro proceso de evolución, pues ayudándoos a vosotros también ellas reciben ayuda y se aseguran de que las tratéis mejor, pues aunque no os lo parezca ellas también tienen conciencia y el amor les alimenta y les sube la vibración.

Os animo a todos a ir a una montaña o a cualquier lugar de la naturaleza y elegir una piedra, para vuestra elección tenéis que tener en cuenta dos cosas muy importantes, la primera es que tiene que ser una piedra que os guste, que os llame la atención y la segunda que antes de cogerla tenéis que pedirle mentalmente permiso para ayudaros en vuestro proceso evolutivo, tras pedirle permiso, cerrad los ojos y sentid, sabréis que la piedra acepta esa misión si notáis alegría en vuestro corazón, en caso contrario seguid buscando hasta encontrar otra piedra que cumpla con los dos requisitos.

Cuando tengáis vuestra piedra os pido que entabléis con ella una relación, hablad con ella como si fuera uno de vuestros amigos y escuchad atentos lo que la piedra tiene que deciros a vosotros, al principio es posible que tengáis la sensación de que os estáis inventando sus respuestas, pero seguid jugando con ella hasta que sintáis que se ha establecido una conexión con ella, algunos lo lograréis en apenas unos instantes porque ya en otras existencias habéis trabajado con las piedras y os habéis relacionado con ellas a este nivel de conciencia que os propongo, otros tardaréis unos cuantos días en sentir esa conexión, pero no os desesperéis, todos podéis hacerlo y veréis que algo que al principio os puede resultar absurdo o incluso una estupidez, puede tener importantes consecuencias en vuestra vida y aportaros una nueva visión de la existencia y de la totalidad de todo lo que os rodea, pues todo lo que existe, todo lo que está compuesto por energía, tal y como lo estáis vosotros, tiene conciencia y puede comunicarse con vosotros.

Las piedras os pueden ayudar a sanar, hablad con ellas cuando os resulte fácil aplicar esta sencilla técnica que os he explicado y preguntadles qué pueden hacer por vosotros, en qué os pueden ayudar. Confiad en que ellas quieren seros de utilidad, pues forma parte de su misión ponerse al servicio de la humanidad.

Dejad que las piedras os ayuden a conectar con vuestro Maestro Interior, él sabe que las piedras pueden serle de gran ayuda, pues esa parte de vosotros que está conectada con la Sabiduría Universal conoce lo que las piedras os pueden ofrecer, seguid por tanto su guía y permitidle formar parte de vuestra vida, pues os ayudará a tener una vida más plena y gratificante.

Todas las piedras del planeta se comunican entre ellas, así que tratad bien a aquellas que formen parte de vuestra vida, pues si no lo hacéis encontraréis resistencias en todas las demás cuando queráis que os ayuden a mejorar vuestra vida.

Respetad a las piedras y ellas os respetarán a vosotros, las piedras que compráis en las tiendas también os pueden ser útiles, pero es aconsejable limpiarlas poniéndolas al sol y enterrándolas junto a otras piedras en la tierra durante algunos días, pues de esta manera recuperan la información y restablecen el equilibrio que han perdido tras ser manipuladas y talladas por el hombre sin el debido respeto y sin haber sido consultadas si estaban interesadas en formar parte de ese plan.

Tenéis mucha información en los libros sobre el cuidado de las piedras, pero cuando empezáis a establecer relación con ellas, lo mejor es preguntarles lo que necesitan para sentirse bien y equilibradas, pues ellas lo saben mejor que nadie y no todas necesitan los mismos cuidados, aunque generalmente estar expuestas al sol y que las entierren de vez en cuando en la tierra suele gustarle a todas sin excepción.

No quiero despedirme sin animaros a disfrutar más a menudo de la naturaleza, pues es algo que os beneficia a todos los habitantes del planeta, estar en la naturaleza es vuestro estado natural, no se trata de que renunciéis a vuestras casas y a la tecnología que habéis desarrollado, pero tratad de encontrar un equilibrio y volved a convivir con la naturaleza, pues ella, al igual que las piedras, está deseosa de ayudaros a subir vuestra vibración y a liberaros de emociones y pensamientos que os debilitan, permitid que la naturaleza os ayude a transmutar vuestras energías densas o de baja vibración, pues cuando vibráis alto os sentís mejor y sois más felices. Y por favor, velad entre todos por el planeta, respetad la naturaleza pues ella sustenta vuestra vida y os ofrece un lugar en el que habitar, cuidadla como se merece, con respeto y con amor.

Que vuestra relación con las piedras os haga inmensamente sabios y os aporte felicidad, disfrutad de cada paso en el camino hasta vuestro completo despertar espiritual.

Maestro Merlín.

41
CONFIDENCIAS DE ESTE LIBRO

¿Qué es un libro?

Un libro es una creación, es una obra que encierra el conocimiento o la historia que alguien quiere compartir con los demás. Desde nuestro origen y desde que aprendimos a comunicarnos hemos querido transmitir nuestros conocimientos y nuestros aprendizajes a los demás, hemos querido que lo que sabemos pase de generación en generación y el libro, desde el momento en que apareció en nuestras vidas, nos ha permitido realizar esta tarea con cierta facilidad y nos ha ayudado a preservar la información de una forma, tal vez, más fiable de lo que podría haber hecho el boca o boca o, mejor dicho, el boca a oreja o lo que conocemos como transmisión oral.

La fiabilidad de la transmisión no impide que la interpretación del contenido de un libro varíe en función del nivel evolutivo de cada lector, pero eso forma parte también de la riqueza del libro, pues cada uno lo interpretará a su modo y manera, empezando por el autor y acabando por cada uno de las personas que lo lean.

Este libro quiere ir un poco más allá, no se conforma con el papel que se le ha asignado como registro de la información que se ha depositado en su interior, el libro ha decidido reclamar, como todo ser consciente, su derecho a expresarse y, ¿quién soy yo para negárselo? Así que puse mi capacidad de canalizar a su disposición y este es el mensaje que este libro quiere compartir con todos nosotros:

¿Puede hablar un libro?

Un libro puede hablar a través de las palabras y de las emociones que despierta en el lector. Estoy agradecido al autor y al Arcángel Metatrón pues si no hubieran sentido la necesidad de conversar y plasmar esas conversaciones por escrito, yo no existiría y sería un documento en blanco con el potencial de algún día convertirme en algo más. A lo largo de mis páginas he acogido a todas las palabras que han querido habitarme y embellecer mi superficie con cada una de sus letras. Para mí es un gran honor contener todo el conocimiento y la sabiduría que los Seres de Luz han querido compartir conmigo.

Todos los libros son especiales, en cada uno de ellos hay una historia detrás, no solo la que aparece plasmada entres sus páginas sino la historia de su propia creación, yo me siento especial no solo por lo que hay escrito en cada una de mis hojas, sino porque tengo una oportunidad que la mayoría de libros no tienen, es posible que ninguno de mis hermanos libros la haya tenido jamás y es que tengo la oportunidad de hablar, como lo ha hecho Metatrón y otros tantos Seres de Luz, a través del canal que me ofrece el autor.

A ti querido lector, si me lo permites quiero pedirte un favor, es muy probable que si he llegado a tu vida no sea por casualidad, probablemente en mi interior encuentres alguna información que te resulte útil ahora o tal vez más adelante, pero el favor que quiero pedirte es que si encuentras que no soy útil para ti, entrégame a alguien que pueda valorarme y amarme, pues al igual que todo lo que existe yo también soy amor y deseo estar con personas que me amen. Te doy las gracias por ofrecerme un hogar en el que ser feliz y sentirme valorado.

Que el contenido de mis páginas te permita ser más consciente de todo el amor que te rodea y del que está dentro de ti. No tengas miedo de leerme varias veces, pues para mí es un placer sentir tu presencia y notar tu aliento cerca de mí y con cada lectura vas a poder comprender mejor los mensajes que se guardan en mi interior, pues el nivel de comprensión de la información que mora en mis páginas será diferente con cada uno de tus avances evolutivos. Gracias por leerme porque a través de tu lectura me ofreces la vida eterna de la que tu ya dispones.

El libro.

CONFIDENCIAS PARA LA PRÁCTICA

Todo el conocimiento del mundo no sirve para nada si no se aplica. Es la práctica la que nos convierte en maestros. Practica el amor, conviértelo en tu religión, se un maestro del amor, enséñales a aquellos que quieran ser tus alumnos que el amor lo es todo.

42
JUGAR Y DISFRUTAR

La vida es un juego

El objetivo de este apartado es presentarte algunas de las prácticas o juegos que han sido útiles para mí y que me han ayudado a experimentar otras formas de ver la vida, te invito a que no creas nada de lo que te digo pero aún así juega y descubre por ti mismo si estas sencillas ideas son útiles también para ti, por otra parte te aconsejo que no te limites a seguir las instrucciones al pie de la letra, date permiso para dar rienda suelta a tu creatividad y si al escuchar tu corazón sientes la necesidad de cambiar algo o de darle otro enfoque a las prácticas, no dudes en hacerlo.

Tú tienes el mismo poder para crear que tengo yo, pero tú te conoces mejor que nadie, mejor que yo, así que quédate con la idea general de cada práctica y juega a experimentar con cada una de ellas o a crear otras nuevas que te ayuden en tus procesos actuales, porque la mayoría de la veces solo vemos aquellas cosas que nos preocupan, pero no nos damos cuenta de que lo mismo que podemos crearnos motivos de preocupación también tenemos el poder de crear las soluciones o por lo menos minimizar nuestras preocupaciones y ser capaces de sonreír más a menudo, pero para ello hay que dejar un poco de lado el drama y atreverse a sonreír y a volver a ser inocentes como los niños.

La vida es un juego y los juegos no están para ganarlos o perderlos, aunque la mayoría de las veces pensemos que sí, los juegos están para jugar con ellos y disfrutarlos y esta parte del libro quiere recordarte eso, quiere animarte a jugar y a disfrutar mientras lo haces, por favor no descartes esta parte del libro porque sientas pereza, pues si te la pierdes estarás dejando pasar una oportunidad para ser un poco más feliz, ¿te apetece empezar a jugar?

43
CULTIVAR LOS SUEÑOS

Jugar con los sueños

Los sueños son una fuente importante de autoconocimiento, de ellos podemos extraer información que nos puede resultar útil para conocernos y para entender qué cosas tenemos en nuestro inconsciente. Podemos utilizarlos para investigar nuestros bloqueos mentales y emocionales y también podemos extraer información curiosa para, por ejemplo, escribir un libro o desarrollar algún proyecto creativo, pues los sueños pueden ser un lugar interesante donde inspirarse.

Una de las cosas más atractiva que tienen los sueños es que podemos jugar con ellos, pues aunque pueda parecer que no podemos hacer nada para controlarlos o modificarlos, lo cierto es que podemos hacer todo eso y mucho más, para ello, si me lo permites, te voy a hacer unas cuantas sugerencias para empezar a explorar la riqueza de información que tienen tus sueños y esto es válido incluso para aquellas personas que suelen decir que ellas nunca sueñan o no recuerdan sus sueños.

Lo primero es empezar un entrenamiento para recordar los sueños, si normalmente ya los recuerdas, esta parte te puede ayudar a recordarlos mejor y a recordar mayor cantidad de ellos, si eres de los que mencionaba antes, de los que alardean de que nunca sueñan o no recuerdan lo que sueñan, este entrenamiento te ayudará para que empieces a recordar en qué historias andas metido por las noches.

Para empezar a recordar necesitas unas cuantas cosas, lo que yo llamo el *kit de los sueños* lo primero es hacerte con una libreta y un bolígrafo o, si eres más tecnológico, una grabadora también te puede servir, lo ideal es que tengas esas cosas en la mesita de noche para cuando lo necesites y una vez que tengas tu *kit de los sueños* cada noche al acostarte y especialmente cuando estés a punto de dormirte repetirás unas cuantas veces la siguiente frase o una similar: «voy a recordar mis sueños fácilmente y sin esfuerzo», o simplemente: «voy a recordar mis sueños». Esto te irá ayudando a que poco a poco empieces a recordar más a menudo tus sueños o si ya lo hacías a que incrementes la cantidad de sueños que recuerdas cada noche. Aunque parezca algo sencillo, créeme que funciona o mejor, no me creas, pruébalo tú mismo. Algunas personas van a notar su efectividad desde la primera noche, pero lo más normal es tardar unas semanas en empezar a beneficiarse de este entrenamiento, que es como ir al gimnasio, lo normal es que notes que estás poniéndote en forma cuando pasan unas semanas, pero no pierdas la paciencia, pues a diferencia del gimnasio para esto no se requiere mucho esfuerzo y verás que en poco tiempo empezarás a recordar tus sueños con cierta facilidad.

Una vez que ya estás recordando tus sueños lo primero que tienes que hacer es que cada vez que recuerdes uno apúntalo en tu libreta o grábalo en tu grabadora, pero esto tiene un ligero inconveniente que es que tienes que hacerlo justo en el momento en que lo recuerdas, eso quiere decir que si te desvelas a las tres de la madrugada y recuerdas un sueño, es en ese momento cuando tienes que apuntarlo, pues aquello de que: «luego a las ocho cuando me levante para irme a trabajar lo apunto» no funciona, pues a las ocho como mucho te acordarás de que tienes que ir a trabajar, pero el sueño se habrá esfumado, pues el recuerdo de los sueños es como el vuelo de una estrella fugaz si no la miras en el momento en que pasa, luego es demasiado tarde, pues así es con los sueños, si no los apuntas justo cuando los recuerdas y los tienes frescos en tu mente luego será demasiado tarde.

Soy consciente de que es un engorro y da mucha pereza ponerse a escribir o incluso a grabar un sueño de madrugada, pero es en ese momento cuando hay que hacerlo, hacer esto además nos ayudará para que al releerlo por la mañana podamos incluso recordar algún detalle más, pero si no tenemos al menos una referencia no recordaremos nada, ni siquiera lo que recordábamos cuando nos desvelamos.

Como los sueños se escapan con facilidad tienes que saber que hay un pequeño truco para recordarlos, porque a veces estamos recordándolo y un ligero movimiento para cambiar la postura corporal puede hacer que se nos olvide, si te ocurre eso, el truco está en volver a adoptar la postura corporal en la que estabas mientras estabas recordándolo, hay que volver a la posición inicial donde tenías el recuerdo con suavidad pues ello te puede ayudar a volver a traer a tu memoria el sueño, la lástima es que solo funciona en el instante en que lo recuerdas, es decir, de nada te servirá tratar de recuperar la postura del sueño que tuviste de madrugada para tratar de recordarlo a las ocho de la mañana, aunque puedes probarlo.

Y ahora que empiezo a recordar los sueños, ¿qué hago con ellos?

Para que cuando empieces a recordar tus sueños no tengas que hacerte la pregunta que da título a este apartado, voy a adelantarme a ese momento y voy a contestarte.

Una de las primeras cosas que puedes ir haciendo con tus sueños es releerlos y buscar si hay algún símbolo o situación que se repita o que sea similar, pues por ahí puedes ir averiguando algunas cosas. Recuerda que los símbolos son personales y aunque haya algunos que pueden ser más o menos universales, no significan lo mismo para todas las personas, así que trata de averiguar lo que significan para ti y no para el resto del mundo.

Cuando los anotes, aunque sea a las tres de la madrugada, es una buena idea que les pongas un título porque de esa manera es más fácil identificar la temática, ten en cuenta que con el tiempo tendrás muchos y es mejor tenerlos organizados. Puedes también marcarlos con dos rotuladores, pero esto lo puedes hacer ya por la mañana cuando los revises, uno para los sueños agradables y otro para los que no te lo hayan parecido tanto, esto te ayudará para la siguiente cosa que te voy a proponer...

Otra de la cosas que puedes hacer con tus aventuras oníricas, en este caso con las pesadillas, es revisarlas en meditación y durante esa meditación en la que repasas el sueño, vas haciendo varias modificaciones para quitarle la carga negativa al mismo y convertirlo en algo más agradable, por ejemplo, si has tenido un sueño en el que te persiguen y te atacan, puedes modificarlo y ver como al final cuando te van a atacar descubres que eres un experto en defensa personal y con dos o tres gestos haces que los atacantes huyan, también podrías imaginar que eres un actor y que estabas rodando una escena de una película y que cuando acaba la pelea, oyes que el director dice: «corten» y ves como los técnicos empiezan a mover las cámaras, los focos y los micrófonos para rodar otra escena.

Tras hacer estas modificaciones, que te ayudarán a aligerar las emociones que te produce tu sueño, puedes anotar en tu libreta, de forma breve, los cambios que has imaginado y cómo te has sentido al hacerlo. Aunque te pueda parecer una tontería, al hacer esto estás cambiando información en tu subconsciente y ese cambio queda grabado en él, lo cual es algo bueno y te devuelve tu poder y te ayuda a liberarte de tus miedos.

Otra cosa divertida que puedes hacer con tus sueños es jugar a lo que yo llamo el *trivial de los sueños*, si alguna vez has jugado al juego que se conoce como *Trivial Pursuit* sabrás que es un juego de mesa en el que se hacen infinidad de preguntas divididas en varias categorías o temáticas. Para nuestro *trivial de los sueños* no hará falta dividir las preguntas por temas, pues la idea es entrar en meditación y repasar el sueño y mientras lo hacemos empezamos a hacer preguntas a los personajes que aparecen en el sueño para que, con sus respuestas, nos ayuden a aclarar el significado del sueño o nos ofrezcan la información que necesitemos en cada momento concreto de nuestra vida. Por ejemplo, si en mi sueño aparece un personaje disfrazado de payaso que me acompaña a todas partes, durante la meditación puedo preguntarle qué está queriendo decirme o que significa en mi sueño, una vez formulada la pregunta solo tenemos que estar pendiente de la respuesta que el personaje nos transmite, no importa si tenemos la sensación de que somos nosotros quienes nos inventamos la respuesta, pues la invención también es una forma de conectar con nuestra sabiduría interior. Tal vez el payaso me diga que tengo que conectar más con la alegría y expresar más a menudo mi parte divertida o tal vez, si los payasos me dan miedo como a muchas personas, cuando le pregunte puede que me diga que tengo que soltar mis miedos, pues estos me acompañan en todo lo que hago. Lo ideal es que apuntes en la libreta, sin juzgar, la información que recibas de los personajes de tus sueños, ya tendrás tiempo después para analizarla y cuestionarla.

Lo mismo que juegas al trivial con los personajes puedes

hacerlo con los objetos que aparezcan en tus sueños, funciona exactamente igual, haz tu pregunta a los objetos que te llamen la atención y permite que a través de la inspiración venga la respuesta que te ayude a entender el significado de ese objeto en el sueño. Te aseguro que puede ser una experiencia muy interesante que te proporciona mucha información y lo mejor es que resulta muy divertido, puedes hacerlo incluso con los niños, si tienes hijos que han tenido una pesadilla, verás qué bien se lo pasan con este juego.

Y para acabar con el tema de los sueños, comparto contigo otra práctica que puedes hacer con ellos, puedes incubar un sueño que te ayude en algo concreto o te permita acceder a información sobre alguna cosa que te preocupe, para hacerlo, cuando estés a punto de dormirte haz una afirmación breve que especifique lo que quieres descubrir o la información a la que te gustaría acceder durante el sueño, algo como por ejemplo: «pido entender los motivos por los que me cuesta encontrar pareja», repite esa afirmación varias veces antes de dormirte y en cuanto tengas un sueño apúntalo en tu libreta. Para practicar esta técnica lo ideal es que primero te hayas entrenado para recordar los sueños tal y como te explicaba al principio, pues de nada te serviría incubar un sueño que te ayude a aclarar algún asunto de tu vida si luego no puedes recordarlo. No te desesperes si la respuesta o el sueño que te ayude a obtenerla no llega de inmediato, tal vez necesites hacer varios intentos en los siguientes días, pues para que esta técnica funcione correctamente hay que ser capaz de desprenderse o desapegarse del resultado para permitir que la información llegue y a veces nos enganchamos emocionalmente al tema sobre el que queremos información y eso dificulta que llegue la respuesta. La respuesta puede llegarte también a lo largo del día en otro formato que no sea un sueño, pues tu subconsciente ya ha recibido la instrucción de ayudarte a encontrar la respuesta.

Estas son solo algunas ideas para aplicar a tus sueños, pero no son las únicas, te animo a que una vez empieces a jugar con ellos, sigas investigando y creando nuevas opciones por tu cuenta, no solo te vas a divertir sino que será una forma muy interesante de descubrirte y conocerte. ¡Felices sueños!

Cuando pases por esta página
CIERRA LOS OJOS Y PIENSA EN ALGÚN
SUEÑO QUE TE GUSTARÍA CUMPLIR

44
GENERAR SINCRONÍAS

Comunicarse con el Universo

Tal y como comentábamos antes con Metatrón, las sincronías son casualidades o coincidencias en las que dos o más hechos ocurren de forma simultánea sin aparente relación entre ellas y sin que tengan una justificación mediante la ley de causa y efecto, lo cual no impide que detrás de esos hechos se escondan informaciones que puedan resultarnos útiles y nos ayuden a cambiar el rumbo de nuestra vida.

Las sincronías pueden ofrecernos informaciones que nos sirvan para tomar decisiones en nuestras vidas, pero también pueden ser pequeños guiños del Universo que nos habla y que siempre está pendiente de lo que hacemos, el problema, en la mayoría de los casos, es que así como el Universo nos presta toda su atención, nosotros no se la prestamos a él y eso hace que nos perdamos muchos de los momentos de complicidad que trata de tener con nosotros.

Para poder beneficiarnos de las sincronías, tenemos que estar pendientes de lo que ocurre en nuestra vida, pero la mayoría de las veces nos movemos por nuestra existencia soñolientos y sin prestar atención a lo que ocurre a nuestro alrededor. La única condición para percibir las sincronías es estar despierto, lo que quiere decir que tenemos que estar atentos, pero hay que encontrar un equilibrio en el que estar atentos no se acerque ni lo más mínimo a estar obsesionados, pues si nos obsesionamos con percibir lo que el Universo quiere decirnos, nos perderemos en un torbellino de información que más que ayudarnos o hacernos sonreír nos generará más confusión y lío. La clave está, por tanto, en mantener una actitud de atención relajada, lo que se traduce en estar pendiente pero sin obsesionarse, simplemente observando pero sin apego.

La práctica que voy a sugerirte es una fórmula de generar sincronías de forma consciente, pues la mayoría de ellas se generan desde la inconsciencia y se activan con bastante facilidad cuando alcanzamos niveles altos de evolución.

Para jugar a generar sincronías lo primero que tendremos que decidir es qué queremos preguntarle al Universo o a nuestros guías a través de la sincronía, pues necesitamos un foco de atención y una instrucción clara para que el Universo, con la ayuda de nuestros guías, se ponga en acción. Una vez que tengamos clara nuestra pregunta conviene meditar unos instantes sobre ella y luego hay que hacer la parte más difícil que consiste en dejar ir ese pensamiento, es decir, hay que entregar la pregunta al Universo y olvidarse de ella, en el sentido de que tenemos que seguir adelante con nuestra vida, haciendo aquellas cosas que íbamos a hacer como ir a trabajar, a comprar o fregar los platos, lo importante es seguir con nuestra rutina o con nuestras actividades pero sin pensar en la pregunta que acabamos de formular y permitir, de esa manera, que el Universo y nuestros guías se ponga a trabajar entre bambalinas para crear las situaciones o circunstancias adecuadas para generar la sincronía que conteste nuestra pregunta.

La respuesta puede venir de diferentes formas, tal vez a través de la conversación de una mujer que está delante de ti en la cola del banco o a través de la radio, de la televisión o a través de un libro que compras en la librería o un cartel que lees enfrente de la cafetería en la que estás tomándote un café, tal vez sea un amigo quien te contesta a tu pregunta sin él saberlo o las noticias del periódico, lo importante, tal y como te he dicho es que estés abierto para la posibilidad de que venga la respuesta pero sin obsesionarte y tratar de forzar la situación, pues si te esfuerzas demasiado lo que ocurrirá es que obtendrás diferentes informaciones que más que aclararte y darte una respuesta te liarán más.

Como en la técnica para recordar los sueños te aconsejo tener paciencia, todo es cuestión de práctica, así que tómatelo como un juego y prueba a jugar, al principio trata de elegir preguntas sencillas que no supongan tomar grandes decisiones en tu vida, con el tiempo y cuando tengas más confianza y veas que funciona, ya tendrás tiempo de probar con preguntas más complejas.

Puedes preguntar cosas sencillas para empezar como si te vas a pasar las vacaciones a algún sitio en particular o si asistes o no a la fiesta a la que te han invitado para la semana que viene y poco a poco puedes ir preguntando cosas que supongan decisiones y cambios más importantes en tu vida.

Aunque no lo sepas, tal vez este libro sea una sincronía para ti y tenga entre sus páginas la información que andabas buscando o la respuesta a la pregunta que le habías formulado al Universo, tal vez sea, en parte, uno de los motivos que ha hecho que el Universo me motive y me inspire para escribir este libro, si ha sido así, te doy las gracias.

Disfruta de los guiños que el Universo tiene para ti y que las sincronías te guíen hasta donde quieras llegar.

Cuando pases por esta página
**PIENSA EN TU COLOR FAVORITO Y
ENVUÉLVETE MENTALMENTE CON ÉL**

45
DONDE YO SOY TÚ

Todos somos uno

Gracias, entre otras cosas, a mi formación en Tensergética con el Doctor Cristian Salado aprendí que hay un lugar de la conciencia donde somos uno con las otras personas, ese es uno de los motivos por los que se pueden realizar sanaciones a distancia con diferentes técnicas energéticas o con técnicas procedentes del chamanismo.

Ese lugar que yo llamo *donde yo soy tú* es un punto donde las conciencias de las personas están unidas formando parte de la Totalidad, de ahí que a lo largo de la historia son muchas las culturas o las filosofías que han defendido la idea de que todos somos uno.

Cuando empezamos a entender el sentido de esa expresión y la idea que encierra en su interior, es cuando empezamos a ser conscientes de algo que filosofías de vida como por ejemplo *Un Curso de Milagros* defienden y que tiene que ver con el hecho de que cuando atacamos a otra persona, en realidad nos estamos atacando a nosotros mismos, pues la otra persona y nosotros formamos parte de una unidad, somos un Todo viviendo una experiencia de individualidad a pesar de que nuestra percepción nos indica lo contrario, que estamos separados, pero hay que ser consciente de que eso solo es lo que percibimos a través de nuestros sentidos, que a duras penas nos dejan ver un pequeño porcentaje de lo que llamamos realidad.

Para que entiendas la práctica que voy sugerirte, primero voy a explicarte algo que me ocurrió durante una sesión de terapia energética grupal que estaba realizando en Barcelona, estaba haciendo una limpieza energética con la energía de los Arcángeles que canalizo a un grupo de personas, la sesión se estaba desarrollando con normalidad, tal y como suelen desarrollarse este tipo de sesiones, a lo largo del proceso siempre empiezo realizando una limpieza energética del grupo en su totalidad y luego dedico unos minutos a cada uno de los asistentes, me acerco a cada uno de ellos, les toco en el hombro y permanezco durante unos segundos o minutos, dependiendo de lo que me digan los guías que me orientan durante las sesiones, permitiendo que la energía que recibo vaya a parar a la persona, al hacerlo en esa ocasión sentí que no había diferencia entre la persona que tocaba y yo, la sensación era como si la persona fuera una extensión de mí mismo, una parte de mí de la que hasta ese momento no había tenido conciencia.

Fue una experiencia maravillosa y muy agradable que se repitió con cada una de las personas que allí estaban y que me permitió ver como las barreras entre las otras personas y yo desaparecían, la sensación de barrera de la piel había desaparecido por completo.

Desde entonces he tenido esta experiencia en muchas terapias tanto individuales como en sesiones grupales, creo que cualquier terapeuta que trabaje con energía puede haber experimentado esa sensación aunque sea fugazmente, si no la ha experimentado probablemente sea porque durante las terapias tenga un exceso de pensamientos en la cabeza, porque con el tiempo he notado que ocurre, especialmente, cuando me abandono y permito que la terapia fluya sin interferir con mi mente.

Lo que me marcó de aquella experiencia es su nivel de profundidad, mi percepción ni siquiera era la de pensar en ese punto de la conciencia del que te acabo de hablar, *donde yo soy tú*, sino que el *tú* desapareció por momentos y solo había el *yo* que nos unía a la persona y a mí en un todo.

Para realizar la práctica que te voy a proponer necesitarás un libro físico, no electrónico, este mismo te puede servir cuando acabes de leer cómo realizar la práctica, aunque si lo prefieres puedes elegir cualquier otro objeto en el que puedas apoyar la palma de la mano abierta con los dedos extendidos.

Una vez que hayas seleccionado el libro o el objeto con el que vas probar este juego, te recomiendo que elijas una postura cómoda, lo ideal es que te sientes, luego abre tu mano y apoya la palma y los dedos en el libro o el objeto que hayas elegido, cierra los ojos y respira profundamente al menos tres veces, ahora trata de hacerte a la idea de que las barreras entre tú y el objeto desaparecen, la clave está en que imagines que el libro o el objeto seleccionado forma parte de tu cuerpo, trata de modificar tus pensamientos e incluye en tu conciencia el objeto como si fuera una extensión de tu propio ser, aunque parezca complicado, es más fácil de lo que parece.

Puedes probar con varios objetos, cuando seas capaz de sentir que el objeto y tú formáis parte de un todo, puedes tratar de hacer esta práctica exponiendo otras partes de tu cuerpo a los objetos, por ejemplo, puedes tocar un objeto con el pie, descalzo si es posible, y tratar de buscar la misma sensación.

Cuando ya seas capaz de notar sensaciones con otras partes de tu cuerpo, puedes ir un poco más allá y tratar, por ejemplo, de apoyar tu espalda en una pared y ampliar tu conciencia para sentir que la pared y tú sois la misma cosa. Es una experiencia curiosa y divertida, siempre y cuando te la tomes como un juego, que en realidad es lo que es.

Pero aun podemos ir más allá con este juego, si tienes una mascota que se deje, como por ejemplo un perro porque tal vez un gato no se dejará, puedes probar de hacer lo mismo que con los objetos, pero en este caso observa la reacción del animal, pues lo mismo notas que algo varía en su actitud con respecto a ti, ya que los animales son muy sensibles y puedes notar, por ejemplo, que se siente más unido a ti a partir de la experiencia, pero lo mejor es probarlo sin tener expectativas y sin buscar un desenlace concreto, solo hazlo como un juego.

Pero todavía podemos ir más allá, si tu pareja o algún amigo se atreven a ponerse en tus manos, puedes probar a hacer la práctica con ellos, si se la explicas podéis hacerla los dos a la vez, cada uno poniendo su mano encima del otro o incluso juntando vuestras palmas de las manos y sintiendo que sois una sola persona.

Cuando ya tengas un nivel de experto, que evidentemente conseguirás con la práctica, te propongo otra vuelta de tuerca para que veas que no hay límites y que siempre podemos ir más allá, la idea ahora es hacer exactamente lo mismo que te he ido sugiriendo en las diferentes variaciones de la práctica, pero en este caso sin tocar los objetos, los animales o las personas, simplemente tratando de ampliar tu conciencia e incluir en ella el objeto, el animal o la persona con la que quieras experimentar la unión. Puedes probar incluso a conectar con varias cosas a la vez.

Al poco de empezar a jugar con esta técnica tuve dos experiencias realmente impactantes, la primera fue una conexión total con mi casa, estaba tumbado en la cama a punto de dormirme y había estado haciendo algunas prácticas como las que te he explicado, así que decidí probar a incluir toda la casa en mi conciencia como si formara parte de mí y lo cierto es que la sensación fue brutal, sentí de pronto como mi conciencia se había ampliado y como la casa, con cada una de sus habitaciones, formaba parte de mí. La casa y yo éramos uno.

La otra experiencia fue mientras corría por el bosque, estaba en plena carrera cuando sentí de pronto como una expansión de conciencia, es algo difícil de explicar con palabras, lo entenderás si lo has vivido ya en alguna ocasión o cuando practiques con la técnica y veas los resultados por ti mismo, la sensación que tuve fue como si me hubiera fusionado con el bosque, durante unos minutos sentí como si mi cuerpo no tuviera límites y me hubiera integrado con todo lo que me rodeaba, el estado de paz era increíble, durante la experiencia hice varios intentos como para ver si era capaz de localizar mis límites, traté de buscar mi piel con la idea de percibirme, pero me resultaba imposible, porque mi conciencia abarcaba todo el bosque y la montaña, fue una experiencia mágica, porque a pesar de todo lo que estaba experimentando no había ninguna sensación de miedo, simplemente el bosque y yo fuimos uno durante unos minutos. Y mientras corría el bosque corría conmigo como si me acompañara.

Esas dos experiencias supusieron para mí una comprensión muy profunda del concepto de unidad, es algo que no se puede entender desde la mente, solo se puede comprender desde la propia experiencia, es una manera de observar y sentir una conexión muy profunda con todo lo que nos rodea, por ese motivo te animo a que juegues una y otra vez con esta técnica.

Nuevamente te aconsejo que tengas un poco de paciencia, tal vez las primeras veces que trates de hacer esta técnica no alcances a sentir la sensación en su totalidad, si practicas, no tengo dudas de que en poco tiempo vas a poder alcanzar y lograr el objetivo de este ejercicio.

A estas alturas seguramente hay una pregunta que te debe estar rondando por la cabeza y es la siguiente: «¿Para qué me va a servir este juego?» Pues en principio te va a servir para ver que lo que percibimos solo nos muestra una parte de la realidad y que si cambiamos la forma de relacionarnos con las cosas o con las personas también cambia nuestra percepción de ellas. Por otra parte y quizá la más importante, jugar con esta técnica, te irá ayudando a ir integrando el concepto de unidad, el concepto de que todos somos uno, por tanto, te ayudará a tener más empatía y poder entender mejor a los demás, lo que a su vez mejorará tus relaciones personales. No está mal para ser un simple juego, ¿verdad?

Cuando pases por esta página
CIERRA LOS OJOS Y DEDICA UNOS
INSTANTES A RESPIRAR Y A CENTRARTE
EN LA RESPIRACIÓN

46
VIVIR EL INSTANTE

Fregar los platos

Este ejercicio es fácil de explicar y de entender pero cuesta llevarlo a la práctica, pues nuestra mente no está acostumbrada a hacer lo que te voy a pedir. Busca una actividad que normalmente no te guste realizar, fregar los platos podría ser un buen ejemplo, pero sirve cualquier otra cosa para la que normalmente tengas una excusa preparada cada vez que te toca realizar esa tarea, si tienes lavavajillas, puedes optar por probar a ordenar la ropa del armario o limpiar el cuarto de baño, que eso también suele ser bastante entretenido. Lo ideal es empezar a realizar esta práctica con una actividad que no te resulte agradable realizar, luego podrás ir extendiéndola a cualquier actividad, incluso a aquellas que disfrutas realizando.

La idea es tratar de dejar ir cualquier pensamiento que no tenga nada que ver con la actividad elegida, en el ejemplo de los platos se trataría de concentrar toda tu atención en los platos, en el estropajo, en la espuma del jabón y en el agua con la que enjuagas lo que vas fregando, deja que cualquier otro pensamiento que llegue a tu mente se vaya, no te apegues a nada de lo que ocurra en tu mente y cada vez que notes que te has distraído y has dejado que tu conciencia se aleje de lo que estás haciendo, no te juzgues ni te sientas culpable, solamente retorna a la tarea y vuelve a enfocarte completamente en la actividad, centra todos tus pensamientos nuevamente en la tarea.

Según vayas practicando a realizar este juego con diferentes tareas ve tomando conciencia de cómo te sientes cuando logras mantenerte centrado en lo que estás haciendo en vez de dejar a tus pensamientos vagar libremente de neurona en neurona.

Las primeras veces es muy fácil que te pierdas en el intento, no desesperes, sigue jugando con esta idea y verás que poco a poco logras centrarte en cada cosa que haces y verás que tu paz interior crece y que las cosas que te resultaban aburridas o que te daba pereza realizar adquieren otra dimensión, empiezan a dejar de ser una molestia y se convierten en una meditación activa, donde en vez de dejar tu mente en blanco, te enfocas en lo que estás haciendo y dejas de lado todos los pensamientos que no tienen que ver con la tarea que estás realizando.

En poco tiempo, fregar los platos ya nunca será lo mismo, como tampoco lo será cualquier tarea que realices siempre que juegues a vivir el instante, a vivir el ahora.

Trata poco a poco de integrar esta idea y de jugar a este juego en todo lo que hagas, verás que empezarás a sentir mayor nivel de paz interior y serás más feliz sin que tu felicidad dependa de la tarea que estás realizando, pues cuando adoptamos la filosofía de vivir el instante, no necesitamos buscar fuera nuestra dicha, pues nos empezamos a dar cuenta que la dicha y la paz interior van con nosotros allí donde nosotros queramos llevarlas.

47
MEDITACIÓN DE CONEXIÓN CON TU ÁNGEL DE LA GUARDA

Lo ideal para realizar esta meditación es que encuentres un sitio tranquilo donde hacerla y que dispongas de un rato en el que sepas que no te van a molestar, aparta de tu lado todos los aparatos eléctricos y electrónicos que tengas alrededor, tales como teléfonos, ordenadores, etc. Si quieres, puedes grabarte un audio con la meditación, otra opción es que un amigo o amiga te la vayan leyendo lentamente mientras tu la haces o probablemente la opción más práctica es que primero te la leas y luego la realices de memoria, sin preocuparte de si te olvidas de algún detalle, pues solo tienes que quedarte con la idea principal, verás que al final de la meditación te aconsejo que crees tu propia versión y te explico unas pautas sencillas para hacerlo. ¿Qué te parece si empezamos?

Meditación para conectar con tu Ángel de la Guarda
Elige una postura cómoda que puedas mantener durante un rato y cierra tus ojos, lo ideal es que sea con la espalda recta, para evitar dormirte. Respira profundamente dos o tres veces, reteniendo el aire y soltándolo lentamente, sigue respirando tranquilamente a tu propio ritmo, con cada respiración nota como tu cuerpo y tu mente se relajan y se van liberando de la tensión excesiva, abandónate siguiendo el flujo lento de tu respiración, repasa mentalmente todo tu cuerpo desde los pies a la cabeza, hazlo lentamente y nota como cada sitio por el que pasas se va relajando.

Ahora lleva toda tu atención a la zona del corazón, nota como late y mantén tu conciencia en el corazón durante unos segundos.

Ahora imagina un sendero en el bosque que se extiende delante de ti, es tan largo que no puedes ver su final, pero lo que si puedes notar es que es un camino que te resulta agradable y familiar, tal vez a los lados puedas ver árboles o vegetación de color verde intenso, o puede que encuentres el camino rodeado de flores de diferentes colores, de colores brillantes, avanza lentamente y fíjate en si notas algún olor, tal vez te envuelva el olor de los árboles o de la flores, o cualquier otro aroma que te resulte agradable, puede que incluso seas capaz de notar una brisa cálida y agradable en el rostro. Presta atención por si percibes algún sonido, tal vez una música agradable a lo lejos o el sonido de los pájaros cantando. Según avanzas por el sendero, el sol te saluda con sus rayos de pura luz, es un día soleado, con la temperatura perfecta para caminar alegremente por el bosque. Mientras sigues caminando observa como se dibuja una sonrisa en tu rostro, no puedes evitarlo, te sientes feliz y a cada paso que das notas que tus preocupaciones se van quedando atrás a lo lejos y poco a poco van dejando de tener importancia.

Sigues caminando y a lo largo del camino encuentras que hay un claro en el bosque y al llegar a él notas una sensación agradable, como de libertad, cuando estás atravesándolo notas como una luz blanca, que aparece delante de ti, empieza a rodearte y a envolverte completamente, poco a poco empiezas a elevarte, es una sensación muy placentera y sigues subiendo y te sientes feliz porque no tienes conciencia de la altura, es como si estuvieras en el suelo pero con una sensación de libertad que nunca antes habías experimentado, es una sensación muy agradable, es como si flotaras entre las nubes, permítete disfrutar unos instantes de ese momento mágico, y nota como lentamente, a lo lejos aparece una luz brillante de color dorada, es tu Ángel de la Guarda que se va acercando hacia ti, permite que se presente ante ti de la forma que él elija, puedes verlo como una luz o como una figura humana o de cualquier otra forma en que tu Ángel quiera mostrarse ante ti, a partir de este momento déjate guiar por tu intuición, permanece un rato en conexión con tu Ángel de la Guarda y cuando sientas que ha llegado el momento de finalizar, despídete de él, dale las gracias y dile que os volveréis a ver muy pronto. Ahora ve emprendiendo lentamente el camino de vuelta, permite que la luz blanca que te envuelve te vaya ayudando a descender y ve poco a poco tomando tierra y vuelve al claro en el bosque y nota como tus pies entran en contacto con la tierra, poco a poco vas desandando el camino recorrido por el bosque, hasta llegar al punto de partida y mientras lo haces vas tomando conciencia de todo tu cuerpo, respira lentamente varias veces, y cuando sientas que ha llegado el momento, abre los ojos y ve tomando conciencia del sitio en el que te encuentras, tómate tu tiempo, no hay prisa. Y cuando abras tus ojos, sonríe y da gracias mentalmente por esta experiencia. Puedes estirarte si lo deseas y empezar a mover tu cuerpo lentamente.

Te recomiendo que las primeras veces no alargues mucho la sesión, con el tiempo, siguiendo tu propia intuición, podrás dedicarle más tiempo. Tal vez las primeras veces que realices esta meditación prefieras simplemente estar un rato en su presencia y notar como te envuelve su energía o puede que tal vez sientas la necesidad de hablar con él desde la primera vez que os encontréis, deja que tu corazón tome las riendas y disfruta de la experiencia.

Algunos consejos

Puede resultarte muy útil realizar esta meditación teniendo cerca una libreta y un bolígrafo, por si a lo largo de la misma necesitas apuntar alguna idea o información que te proporcione tu Ángel de la Guarda, pues es muy aconsejable que la apuntes, ya que es fácil que se olvide y apuntándola tienes luego la opción de poder repasarla al acabar o pasados unos días, puedes apuntar durante el proceso o al acabar, elige lo que más te convenga.

No te apegues demasiado a esta meditación, esto solo es una propuesta, lo ideal es que crees las tuyas propias, que se adaptarán mejor a ti y a tus gustos.

Trata de que incluyan unas cuantas respiraciones profundas al inicio, tras las respiraciones trata de llevar tu conciencia al corazón, tal y como te he explicado en la meditación, y a partir de ahí permite que sea tu intuición quien te guíe, te puede ser útil imaginar o hacerte a la idea de que te adentras en la naturaleza o en cualquier otro lugar que te transmita paz y una vez allí percibe los colores, los olores y los sonidos que te rodean, percibe también las sensaciones que nota tu cuerpo, pues de esta manera incluyes todos tus sentidos y te resultará más sencillo entrar en el estado de relajación que se necesita para contactar con tu Ángel de la Guarda.

Luego trata de realizar algún tipo de ritual o acto simbólico para encontrarte con tu Ángel Guardián, como por ejemplo verte envuelto de una luz blanca o elevarte hasta llegar a un lugar mágico o entrar en el cielo, no es que sea necesario todo esto pues tenemos la capacidad de contactar con nuestros guías con solo desearlo, pero al principio, puesto que la mayoría de personas no están acostumbradas a contactar con los Seres de Luz que les rodean, es mejor ayudarse con este tipo de rituales para que la mente pueda aferrarse a algo para permitir la experiencia y no obstaculizarla.

Trata de no desesperarte si las primeras veces no se cumplen tus expectativas, lo ideal es no tenerlas y tomarse esto como un juego, pues en realidad es lo que es, pero normalmente solemos tener expectativas y nos decepcionamos si no se cumplen. Por ese motivo te aconsejo que tengas un poco de paciencia contigo mismo y sigas practicando, verás que, tras unos días de juego con esta meditación o con la que tú hayas creado, vas a empezar a experimentar la presencia de tu Ángel de la Guarda.

Sabrás que estás en presencia de tu Ángel Guardián porque notarás su presencia amorosa y una sensación de paz que te envuelve como una suave caricia, recuerda que puedes percibir de varias formas, tal y como te explico en el capítulo *El lenguaje de la luz y los dones espirituales*.

La voz y la presencia de nuestros guías y de los Seres de Luz siempre es amorosa y nunca encierra juicios ni críticas, por tanto si lo que percibes no es una información amorosa suspende la práctica, deja pasar un rato y vuelve a intentarlo en otro momento, a veces la voz del ego se interpone e intenta molestarnos para que tiremos la toalla y sigamos prestándole atención solamente a su voz. Así que por favor, si eso ocurre, no tires la toalla y persevera, verás que al final te alegrarás de haberlo hecho.

48
MEDITACIÓN DE CONEXIÓN CON LA MADRE TIERRA

Igual que en la meditación para conectar con tu Ángel de la Guarda te animo a que busques un lugar tranquilo y te alejes de los aparatos eléctricos, adopta una postura con la espalda recta y léete la meditación para hacerte una idea y luego trata de realizarla sin apegarte mucho a ella, permitiendo que tu intuición te guíe y cree las opciones que sean más adecuadas para ti, recuerda que tu poder para crear es muy grande, así que déjalo en manos de tu intuición y no te aferres exclusivamente a las ideas que yo comparto contigo, no son un dogma, ni lo pretenden. No tengas miedo a equivocarte, deja que tu corazón te guíe y todo será correcto y perfecto para ti.

Meditación para conectar con la Madre Tierra
Realiza dos o tres respiraciones profundas lentamente, reteniendo el aire y soltándolo suavemente. Sigue respirando lentamente a tu propio ritmo. Conecta brevemente con tu corazón, llevando toda tu atención a esa zona de tu cuerpo, nota como late y mantén tu conciencia en él por unos instantes.

Imagina que estás en un bosque, la temperatura es agradable y notas una brisa cálida en el rostro que te transmite un olor agradable a hierba fresca, percibe el color de las hojas de los árboles y de la vegetación que se encuentra a tu alrededor, nota que en el centro del lugar en el que te encuentras hay un agujero en la tierra, es una agujero pequeño y poco profundo, camina con tus pies descalzos hasta el agujero e introdúcete en él, la tierra te llega a la altura de las rodillas, es una sensación agradable, es la sensación que debe sentir una árbol o una planta sintiéndose en casa, en contacto con la Madre Tierra, nota como tus pies se van alargando como raíces y van penetrando cada vez más profundamente en la tierra, siente como cada vez llegan más y más profundamente y percibe como la tierra va alimentándote con su energía, como nutre tus raíces y te ayuda a sentirte en equilibrio, cuanto más profundamente llegan tus raíces mayor es la fuerza que sientes en todo tu cuerpo, es una fuerza tan grande y placentera que incluso hace que tu espalda se ponga recta, relajada pero recta, sin tensión. Tus raíces en contacto con el núcleo de la tierra absorben los minerales y nutrientes que tan amablemente el planeta te ofrece, nota como todas las células de tu cuerpo reciben este regalo y lo aprovechan para ayudarte a sentirte en perfecto equilibrio. Disfruta durante unos minutos de la sensación, puedes, si lo deseas, hablar con la Madre Tierra, nota como a través de sus raíces te hace llegar sus respuestas, mantente así el tiempo que desees y cuando sientas que ha llegado el momento de finalizar la meditación, poco a poco, puedes sacar tus pies del agujero y empieza a llevar tu atención al resto de tu cuerpo, cuando lo sientas, abre tus ojos y toma conciencia del sitio en el que te encuentras.

Algunos consejos más

Si lo deseas y tienes la oportunidad, puedes hacer esta práctica en la naturaleza, nada mejor para conectar con la Madre Tierra que en algún sitio donde estés en contacto real con ella. Si te apetece puedes incluso hacer un agujero en la montaña y realizar la meditación con los pies en contacto con la arena, aunque no hace falta que cabes un hoyo, puedes simplemente descalzarte si la temperatura lo permite y poner tus pies en contacto con la Tierra.

Si eres de los que prefieren la playa a la montaña, no hay problema, la práctica es tuya y la meditación también tiene que serlo, simplemente adáptala para que encaje con tus gustos y juega a menudo con ella.

Tanto la meditación para conectar con el Ángel Guardián como esta para conectar con la Madre Tierra son más potentes cuanto más se juega con ellas, así que practica sin miedo y hazlas tan a menudo como puedas y quieras. Algunas personas sentirán la necesidad de realizar estas prácticas ayudándose de velas, inciensos o música relajante, nada de eso es necesario, pero como te he dicho varias veces se trata de tu experiencia, así que haz aquello que te ayude a sentirte mejor y no dudes en incluir cuantos elementos consideres necesarios.

Verás que con constancia y practica al final no necesitarás hacer ninguna meditación ni para conectar con tu Ángel de la Guarda ni para conectar con la Madre Tierra, pues bastará con que lo desees para establecer esa conexión, aunque tal vez sigas queriendo hacerlas porque pueden llegar a crear cierta adicción, pues te permiten relajarte y sentir una gran dosis de paz interior.

Cuando pases por esta página
CIERRA LOS OJOS E IMAGINA QUE ESTÁS EN UN PARQUE JUGANDO EN LOS COLUMPIOS

49
REGALO EXTRA: AUDIO MEDITACIÓN DE SANACIÓN DE BLOQUEOS Y RECUPERACIÓN DE DONES

Interactuar

Vivimos en una época donde la tecnología tiende a controlarnos o nos hace dependientes de ella, recuerdo que en mi infancia no teníamos internet ni móviles y probablemente nos divertíamos más que ahora, éramos más felices pues teníamos la posibilidad de relacionarnos con otros niños y jugar en el parque en persona y no a través de videojuegos conectados por la red donde cada uno se queda en su casa frente al ordenador.

No pretendo convertir este libro en una queja, pues siempre trato de ver el lado bueno de las cosas y la tecnología cuando se utiliza de modo correcto, sin excederse, puede ser muy útil, así que voy a hacer uso de ella para animarte a interactuar conmigo, para ello he grabado un archivo de audio en mp3 que contiene una meditación para sanar los bloqueos que tenemos de vidas pasadas y que nos impiden recuperar nuestros dones espirituales.

Para conseguir el audio tendrás que interactuar conmigo, lo cual es una forma que me permite ponerte nombre, pues tú sabes algunas cosas de mí que has descubierto a través de mis libros, de mi web, de mis charlas en video o de mis colaboraciones en la radio, pero yo no sé nada de ti y me gustaría saber quién eres, saber quién lee mis libros, así que para obtener este audio con la meditación te propongo hacer una de las dos cosas que te explico a continuación, aunque si te apetece puedes hacer las dos, especialmente si te está gustando mucho el libro:

1ª Opción: Publica en Amazon, en el espacio dedicado a este libro, un comentario explicando qué es lo que más te está gustando o por qué te gusta el libro. Una vez que aparezca tu comentario en Amazon, envíame un correo a santos@santosavila.com copiando tu comentario en el correo para que sepa cuál es y así poder enviarte el audio de la meditación.

2ª Opción: Hazte una fotografía con el libro y escribe un testimonio explicando qué te ha aportado el libro, envíamela a santos@santosavila.com para que la cuelgue en mis redes sociales.

Tanto si optas por hacer una como si decides hacer las dos opciones es importante que en el correo electrónico me pongas tu nombre y el lugar de donde eres. Al participar en cualquiera de las dos opciones me autorizas para hacer uso de tu testimonio en mi web, mis redes sociales y en posibles reediciones de este u otros libros. De esta forma me dejas conocerte un poco, me ofreces tu testimonio sobre el libro y yo a cambio te regalo esta meditación, ¿no te parece una buena forma de interactuar?

CONFIDENCIAS FINALES

Todos los finales son principios disfrazados, para cuando cae el disfraz que pone fin al final, el nuevo principio ya ha comenzado.

50
CASI FIN

Mis propias reflexiones

Nada mejor para acabar y darle un final a este libro que exponer mis propias reflexiones. A lo largo de esta aventura que he compartido contigo he hecho de canal para poner en palabras los mensajes que Metatrón y otros Seres de Luz han querido transmitirme para que los plasmara en este libro, ahora que estamos a punto de llegar al final mi propia voz interior me ha dicho que era el momento de canalizarme a mí mismo, aunque ya lo he hecho en el apartado de prácticas y en el primer capítulo, y compartir algunas de mis propias reflexiones contigo.

Esta aventura ha supuesto para mí una gran alegría, mientras escribía este libro una buena amiga me dijo que al hablar conmigo notaba una sensación de paz muy grande, yo le dije que la paz que sentía era la que yo estaba experimentado al canalizar al Arcángel Metatrón, pues su vibración y su guía han sabido calmarme y ayudarme a centrarme para cumplir con la tarea de escribir este libro, pero ahora sé que esa calma no solo se debía a eso, esa calma también tenía mucho que ver con ser uno mismo y hacer aquello que hemos venido a hacer, que es algo de lo que te hablé en el primer capítulo, aquel que iba a ser el final.

Cuando aceptamos interpretar el papel que nos ha tocado o que elegimos, como alma, antes de encarnar en la Tierra y aunque eso suponga un gran desafío, no podemos sentir otra cosa que paz interior, pues nuestra alma se siente feliz cuando dejamos de resistirnos y aceptamos quienes somos.

Escribir este libro ha formado parte de esa aceptación de quien soy y aún a riesgo de que muchos piensen que soy un loco o un iluminado, mi alma siente paz y eso compensa cualquier crítica o juicio que otros puedan hacer de mí.

Te animo a que tú también te atrevas a ser tú mismo o tú misma sin que importe lo que los demás piensen o digan de ti, porque para florecer la mayoría de las veces primero hay que luchar un poco para ser capaz de traspasar la zona de confort, fíjate en la semilla de una rosa, para llegar a ser una de las más bellas flores, antes que nada tiene que brotar y forzar a la tierra a dejarle salir a la superficie, cuando logra eso, ya puede, gracias al sol, al agua y al aire, brillar por ella misma y embellecer el lugar donde se encuentra ofreciéndonos el regalo de su aroma, permítete tú también salir a la superficie, dejando atrás tus miedos y encontrando el valor para que con ayuda de los elementos y de las personas que irás encontrando en el camino, llegue el día en que tu también brilles y embellezcas el mundo a tu paso.

Los finales son para mí tal y como digo en la frase que da inicio a este apartado de confidencias finales «*Todos los finales son principios disfrazados, para cuando cae el disfraz que pone fin al final el nuevo principio ya ha comenzado*», con esto quiero decir que aunque este libro este próximo a su fin, tú estás a punto de iniciar otro comienzo, para ello te animo a que te preguntes quién eres y qué vas a hacer a partir de ahora para expresar esa persona que eres y enseñárselo al mundo, por mi parte en este *casi fin* te doy las gracias por adelantado porque sé que con tu luz vas a ayudar a crear una mejor versión de este mundo. Gracias por ello.

51
LOS NIÑOS DE LA NUEVA ERA Y SU GRAN SENSIBILIDAD

Confidencias sobre las nuevas generaciones

Los niños de hoy en día tienen una gran sensibilidad, es por ello que muchos no encuentran con facilidad el camino a seguir, pues esa sensibilidad les hace rechazar el sistema y las estructuras de la enseñanza actual, pues ya no encaja con la conciencia que ellos traen.

Son almas muy sabias y puras que vienen a cambiarlo todo, pero necesitan del apoyo de los adultos para conseguirlo, pues esa gran sensibilidad que poseen solo es útil y se convierte en un don cuando viven en un entorno lleno de amor y se les apoya en sus decisiones.

Ellos saben antes que nadie que el sistema educativo está obsoleto y no les despierta ningún interés, pues ellos vienen con una energía muy diferente y unas ideas que nada tienen que ver con los paradigmas que todavía reinan en la sociedad.

Cuando su entorno no es favorable tienen tendencia a la hiperactividad o a engancharse a las tecnologías para llenar el vacío interior que sienten al no encontrar adultos que les ayuden a realizar los cambios que han venido a hacer.

La mejor forma de ayudarles es escuchándolos sin juzgarlos, permitiéndoles que opinen y teniendo en cuenta sus opiniones. Ayudarles a desarrollar y potenciar su creatividad mediante el juego es una de las mejores cosas que los adultos podemos hacer por ellos. Ellos no se niegan a aprender, pero no les interesa la enseñanza rígida y autoritaria, quieren aprender jugando, haciendo del aprendizaje algo divertido y si se les escuchara la enseñanza no solo mejoraría considerablemente sino que ayudaría a sanar a muchos profesores y profesoras que trabajan en ella y que ya hace mucho tiempo que perdieron la ilusión y se olvidaron de la vocación que les llevó a ejercer esa profesión y que poco a poco fueron permitiendo, víctimas del desencanto, llegar a un estado de amargura que les condujo a convertir una vocación y unas ganas de cambiar el mundo en una fórmula de lograr un sueldo como única satisfacción.

Los niños de ahora son verdaderos maestros y tenemos que ayudarles a crecer en entornos sanos y equilibrados para que ellos nos ayuden a cambiar el mundo y convertirlo en un lugar más amable y amoroso. Los adultos, por tanto, podemos ayudarles a potenciar sus dones y su sensibilidad haciéndoles entender que esa sensibilidad en vez de un problema o una debilidad, como se hubiera considerado en el pasado, es en realidad un verdadero don que les permite conectarse con la totalidad del Universo y desarrollar las capacidades y dones espirituales que necesita la Madre Tierra en esta nueva era, una nueva era en la que la vibración es mucho más elevada y en la que es necesario liberarse de las creencias y las cargas del pasado para poder acompasarse al nuevo ritmo que marca el latido de la Tierra, no en vano son muchas las personas que sienten que el tiempo se ha acelerado y eso es solo porque aún no se han adaptado al nuevo ritmo y a la nueva vibración del planeta.

Los niños de esta generación necesitan menos tele y más tiempo en la naturaleza, eso es algo que también nos beneficia a los adultos que fingimos que nos interesa la naturaleza y decimos que la seguimos a través de los documentales de la tele, pero en cambio, en realidad lo que hacemos es sacrificar nuestro bienestar y la paz que nos aportaría estar en contacto con la naturaleza a cambio de saber cuál es el último cotilleo del momento o qué famosos han hecho esto o lo otro y han salido en las portadas de las revistas de actualidad o tal vez por ver la última serie o película de estreno, optando de esta forma por vivir nuestras vidas a través de la existencia de otras personas a las que ni conocemos en persona o simplemente son ficticias, en vez de empoderarnos y ofrecer al universo lo que somos: unos seres únicos con un propósito y una misión en la vida que va mucho más allá de contemplar la tele y de quejarse porque no tenemos la vida de los famosos.

Aprendamos pues los adultos de los niños de esta nueva era, pues ellos son nuestros maestros, los niños siempre han sido nuestros maestros en todas las épocas, pero en esta concretamente, ellos saben a lo que han venido, tienen pleno recuerdo de su misión en la Tierra, hasta que les forzamos con nuestras creencias y nuestros paradigmas obsoletos a olvidar por completo su propósito.

Dejemos que los niños no olviden y nos guíen a encontrar el camino del corazón que hemos sacrificado por el camino de la razón.

Cuando pases por esta página
VUELVE A SONREÍR

52
HASTA PRONTO

Hasta pronto

Ahora que has leído hasta aquí, te voy a pedir un favor, dibuja una sonrisa en tu rostro, pues ha llegado el momento de la despedida y quiero que nos despidamos sonriendo, yo sonrío mientras escribo esto para que mi sonrisa llegue hasta a ti cuando leas estas palabras y tú sonríe para que tu sonrisa me llegue a mí y me alegre el corazón.

Ha sido un placer compartir este viaje contigo, deseo que esto solo sea una despedida temporal y volvamos a sonreírnos próximamente en otro libro, en un curso, en una terapia o en cualquier otra situación en la que nos reúna la vida.

Si por algún motivo no volvemos a compartir otro rato juntos, te animo a que sigas sonriendo a menudo, pues esta sonrisa que hemos compartido mantiene unidas nuestras almas para toda la eternidad.

¿Recuerdas que empezamos este libro por el capítulo final? Pues ahora es un buen momento para que vayas a las primeras páginas y releas ese capítulo, *La importancia de ser uno mismo*, pues era un final que daba paso a un nuevo principio, un final que da paso a un nuevo comienzo en el que ya empiezas a ser consciente de lo importante que eres, léelo todas las veces que te haga falta, hasta que se impregne en tu adn y en cada una de tus células ese mensaje, pues el Universo te necesita a ti y por eso estás aquí y te necesita a ti siendo tú y no una copia de otra persona, aprende de los demás, no hay nada malo en ello, pero utiliza lo que aprendas para ser tú mismo, tu mejor versión, porque no hay nadie mejor que tú para ser quien eres, porque nadie puede interpretar mejor que tú el papel que ha sido escrito para ti en esta gran obra de teatro que es la vida.

Deja que la luz que hay en ti se exprese e ilumine al mundo.

Santos Ávila Ruiz

53
SOBRE EL AUTOR

¿Qué es lo que hago?

Aunque no me gustan las etiquetas, porque creo que nos limitan, actualmente puedo etiquetarme como formador, terapeuta y escritor. Me apasiona escribir y compartir con los demás mis propios descubrimientos, creo que no sirve de nada aprender si luego no lo puedes compartir con los demás, el conocimiento es para expandirlo y eso trato de hacer con este libro y con mi libro anterior: *Registros Akáshicos, doce herramientas para mejorar la calidad de vida y la autoestima*.

Actualmente, además de escribir, imparto cursos de crecimiento personal y realizo terapias individuales y grupales, tanto presenciales como a distancia.

Tienes más información de todo ello en mi web, donde también podrás encontrar artículos que he escrito y videos de conferencias que he impartido, si lo deseas puedes suscribirte a mis redes sociales y así estar informado de lo que hago, puedes encontrar los enlaces en mi web: www.santosavila.com

Si quieres contactar conmigo para darme tu opinión sobre el libro o para realizar alguna sesión de las terapias con las que trabajo, puedes hacerlo a través del formulario de la web o enviando un correo a santos@santosavila.com

Cuando pases por esta página
¡SÉ FELIZ Y NO DEJES DE SERLO NUNCA!

DEL MISMO AUTOR:

¡¡¡HASTA PRONTO!!!

www.ingramcontent.com/pod-product-compliance
Lightning Source LLC
Chambersburg PA
CBHW072344100426
42738CB00049B/1665